孙子兵法

卷三

[春秋] 孙武 著
李楠 编译

九、王晳注《孙子兵法·虚实篇》

王晳曰：凡自守以实，攻敌以虚也。

孙子曰：凡先处战地而待敌者佚。

王晳曰：力有余也。

后处战地而趋战者劳。

故善战者，致人而不致于人。

王晳曰：致人者，以佚乘其劳；致于人者，以劳乘其佚。

能使敌人自至者，利之也。

能使敌人不得至者，害之也。

王晳曰：以害形之，敌患之而不至。

故敌佚能劳之。

王晳曰：巧致之也。

饱能饥之。

王晳曰：谓敌人足食，我能使之饥乏耳。曹公曰：『绝其粮道。』晳谓火积亦是也。

安能动之。

王晳曰：出其所必趋，击其所不意，攻其所必（不）爱，使不得不救也。

出其所不趋，趋其所不意。

行千里而不劳者，行于无人之地也。

攻而必取者，攻其所不守也。

王晳曰：攻其虚也。谓将不能，兵不精，垒不坚，备不严，救不及，食不足，必不一尔。

守而必固者，守其所不攻也。

王晳曰：守以实也。谓将能、兵精、垒坚、备严、救及、食足、心一尔。

故善攻者，敌不知其所守；善守者，敌不知其所攻。

王晳曰：善攻者，待敌有可胜之隙，速而攻之，则使其不能守也。善守者，常为不可胜，则使其不能攻也。云不知者，攻守之计不知所出耳。

微乎微乎，至于无形，神乎神乎，至于无声，故能为敌之司命。

王晳曰：微密则难窥，神速则难应，故能制敌之命。

进而不可御者，冲其虚也；退而不可追者，速而不可及也。

故我欲战，敌虽高垒深沟，不得不与我战者，攻其所必救也。

王晳曰：曹公曰：『绝粮道，守归路，攻君主也。』晳谓敌若坚守，但能攻其所必救，则与我战矣。若耿弇欲攻巨里以致费邑亦是也。

我不欲战，画地而守之。

敌不得与我战者，乖其所之也。

王晳曰：画地，言易，且明制之必有道也。

故形人而我无形，则我专而敌分。

我专为一，敌分为十，是以十攻其一也。

则我众而敌寡。

能以众击寡者，则吾之所与战者，约矣。

王晳曰：多为之形，使敌备己，其实攻者则无形也。故我专敌分矣。专则众，分则寡，十攻一者，大约言耳。

吾所与战之地不可知。

不可知，则敌所备者多。

敌所备者多，则吾所与战者，寡矣。

王皙曰：与敌必战之地，不可使敌知之；知则并力得拒于我。曹公曰：『形藏则敌疑。』

故备前则后寡，备后则前寡；备左则右寡，备右则左寡；无所不备，则无所不寡。

寡者，备人者也；众者，使人备己者也。

王皙曰：左右前后俱备，则俱寡。

故知战之地，知战之日，则可千里而会战。

王皙曰：必先知地利敌情，然后以兵法之度量，计其远近，知其空虚，审敌趣应之所及战期也。如是，则虽千里可会战而破敌矣。故曹公曰，『以度量知空虚会战之日』者是也。

不知战地，不知战日，则左不能救右，右不能救左，前不能求后，后不能救前，而况远者数十里，近者数里乎？

以吾度之，越人之兵虽多，亦奚益于胜败哉？

王皙曰：此武相时料敌也。言越兵虽多，苟不善相救，亦无益于胜败之数。

故曰：胜可为也。

王皙曰：若使敌不知战地期日，我之必胜可常有也。

敌虽众，可使无斗。

王皙曰：多益不救，奚所恃而斗？

故策之而知得失之计。

王皙曰：策其敌情，以见得失之数。

作之而知动静之理。

王皙曰：候其理当动以否。

形之而知死生之地。

角之而知有余不足之处。

王皙曰：角，谓相角也。角彼我之力，则知有余不足之处，然后可以谋攻守之利也。此而上亦所以量敌知战。

故形兵之极，至于无形；无形，则深间不能窥，智者不能谋。
王皙曰：制兵形于无形，是谓极致，孰能窥而谋之哉？
因形而错胜于众，众不能知。
人皆知我所以胜之形，而莫知吾所以制胜之形。
王皙曰：若韩信背水拔帜是也。人但见水上军殊死战，不可败，及赵军惊乱遁走，不知吾能制使之然者，以何道也。
故其战胜不复，而应形于无穷。
王皙曰：夫制胜之理惟一，而所胜之形无穷也。
夫兵形象水。
水之形，避高而趋下。
兵之形，避实而击虚。
水因地而制流。
兵因敌而制胜。
王皙曰：谓堤防疏导之也。
故兵无常势。
水无常形。
能因敌变化而取胜者，谓之神。
王皙曰：兵有常理，而无常势；水有常性，而无常形。兵有常理者，击虚是也；无常势者，因敌以应之也。水有常性者，就下是也；无常形者，因地以制之也。夫兵势有变，则虽败卒尚复可使击胜兵，况精锐乎？
故五行无常胜。
王皙曰：迭相克也。
四时无常位。

王皙曰：迭相代也。

日有短长，月有死生。

王皙曰：皆喻兵之变化，非一道也。

十、何延锡注《孙子兵法·虚实篇》

孙子曰：凡先处战地而待敌者佚。

后处战地而趋战者劳。

何氏曰：战国秦师伐韩，围阏与。赵遣将赵奢救之。军士许历曰：『秦人不意赵师至此，其来气盛，将军必厚集其陈以待之；不然必败。』又曰：『先据北山者胜，后至者败。』赵奢即发万人趋之。秦兵后至，争山，不得上。赵奢纵兵击之，大破秦军，遂解阏与之围。后汉初，诸将征隗嚣，为嚣所败。光武令悉军栒邑，未及至，隗嚣乘胜，使其将王元、行巡将二万余人下陇，因分遣巡取栒邑。汉将冯异即驰马欲先据之。诸将皆曰：『虏兵盛而新乘胜，不可与争；宜止军便地，徐思方略。』异曰：『虏兵方盛临境，狃忕小利，遂欲深入；若得栒邑，三辅动摇，是吾忧也。夫攻者不足，守者有余，今先据城，以佚待劳，非所以争锋也。』遂潜往，闭城偃旗鼓。行巡不知，驰赴之。异乘其不意，卒击鼓建旗而出，巡军惊乱奔走，追而大破之。东魏将齐神武伐西魏，军过蒲津，涉洛至许原。西魏将周文帝军至沙苑。齐神武闻周文至，引军来会。诘朝，候骑告齐神武军且至。周文步将李弼曰：『彼众我寡，不可平地置陈。此东十里有渭曲，可先据以待之。』遂军至渭曲，背水东西为陈；合战，大破之。

故善战者，致人而不致于人。

何氏曰：令敌自来。

能使敌人自至者，利之也。

何氏曰：以利诱之而来，我佚敌劳。

能使敌人不得至者，害之也。

故敌佚能劳之。

何氏曰：春秋时，吴王阖闾问于伍员曰：『伐楚何如？』对曰：『楚执政众，莫适任患，若为三师以肄焉：一师至，彼必皆出，彼出则归，彼归则出，彼必道弊。亟肄以疲之，多方以误之，既罢，而后以三军继之，必大克之。』阖闾从之，楚于是乎始病，吴遂入郢。

饱能饥之。

何氏曰：如吴、楚反，周亚夫曰：『楚兵剽轻，难与争锋，愿以梁委之绝其食道，乃可制也。』亚夫会兵荥阳，吴攻梁，梁急请救，亚夫引兵东北走昌邑，深壁而守，使轻骑弓高侯等绝吴、楚兵后食道。兵乏粮，饥欲退，数挑战终不出，乃引兵去。精兵追击，大破之。王莽末，天下乱，光武兄伯升起兵讨莽，为莽将甄阜、梁丘赐所败。复收会兵众，还保于棘阳。阜、赐乘胜，留辎重于蓝乡，引精兵十余万人南渡，横临沘水，阻两山间为营，绝后桥，示无还心。伯升于是大飨军士，设盟约，休士三日，为六部潜师，夜起，袭取蓝乡，尽获其辎重。明晨，自南攻甄阜，下江兵，自东南攻梁丘赐。乏食陈溃，遂斩阜、赐。唐辅公祏遣其伪将冯惠亮、陈当世领水军屯于博望山，陈正通、（河间王孝恭）徐绍宗率步骑军于青州山。河间王孝恭至，坚壁不与斗，使奇兵断其粮道。贼渐馁，夜薄我营，孝恭安卧不动。明日，纵羸兵以攻贼垒，使卢祖尚率精骑，列陈以待之。俄而攻垒者败走，出追奔数里，遇祖尚军，与战，大破之。正通弃营而走。

安能动之。

何氏曰：攻其所爱，岂能安视而不动哉？

出其所不趋，趋其所不意。

何氏曰：令敌人须应我。

行千里而不劳者，行于无人之地也。

何氏曰：曹公北征乌桓，谋臣郭嘉曰：『兵贵（遗）神速。今千里袭人，辎重多，难以趋利。且彼闻之，得以为备。不如留辎重，轻兵兼道以出，掩其不意。』公乃密出卢龙塞，直指单于庭。虏卒闻公至，惶怖合战。大破之，斩蹋顿及名王已下。又唐吐谷浑寇边，以李靖为西海道行军大总管，轻途二千里，行空虚之地，平吐谷浑而还。故太宗曰：

『且李靖三千轻骑，深入虏庭，克复定襄，古今未有也。』

攻而必取者，攻其所不守也。

守而必固者，守其所不攻也。

故善攻者，敌不知其所守；善守者，敌不知其所攻。

何氏曰：言攻守之谋，令不可测。

微乎微乎，至于无形，神乎神乎，至于无声，故能为敌之司命。

何氏曰：武论虚实之法至于神微，而后见成功之极也。吾之实，使敌视之为虚；吾之虚，使敌视之为实；敌之实，吾能使之为虚；敌之虚，吾能知其非实，盖敌不识吾虚实，而吾能审敌之虚实也。吾欲攻敌也，知彼所守者为实，而所不守者为虚，吾将避其坚，而攻其脆，批其亢，而捣其虚，敌欲攻我也，知彼所攻者为不急，而所不攻者为要，吾将示敌之虚，而斗吾之实，彼示形在东，而吾设备于西。是故吾之攻也，彼不知其所当守；吾之守也，敌不料其所当攻。攻守之变，出于虚实之法。或藏九地之下，以喻吾之守；或动九天之上，以比吾之攻。灭迹而不可见，韬声而不可闻，若从地出天下，倏出间入，星耀鬼行，入乎无间之域，旋乎九泉之渊。微之微者，神之神者，至于天下之明目，不能窥其形之微；天下之聪耳，不能听其声之神。有形者至于无形，有声者至于无声。非无形也，敌人不能窥也；非无声也，敌人不能听也。虚实之变极也。善学兵者，通于虚实之变，遂可以入于神微之奥；不善者，案然寻微穷神，而泥其用兵之迹，不能泯其形声；而至于闻见者，是不知神微之妙，固在虚实之变也。三军之众，百万之师，安得无形与声哉？但敌人不能窥听耳。

进而不可御者，冲其虚也；退而不可追者，速而不可及也。

何氏曰：兵进则冲虚，兵退则利速；我能制敌，而敌不能制我也。

故我欲战，敌虽高垒深沟，不得不与我战者，攻其所必救也。

何氏曰：如魏将司马宣王征公孙文懿，泛舟潜济辽水，作长围，忽弃贼而向襄平。诸将言：『不攻贼而作长围，非所以示众也。』宣王曰：『贼坚营高垒，欲以老吾兵也。古人言曰：敌虽高垒，不得不与我战者，攻其所必救也。

贼大众在此，则窟穴虚矣；我直指襄平，必人怀内惧，惧而求战，破之必矣。』遂整陈而过。贼见兵出其后，果邀之。宣王谓诸将曰：『所以不攻其营，正欲致此，不可失也。』乃纵兵逆击，大破之，三战皆捷。唐马燧讨田悦，时军粮少，悦深壁不战。燧令诸军持十日粮，进次仓口，与悦夹洹水而军。李抱真、李芃问曰：『粮少而深入，何也？』燧曰：『粮少利速战。兵法善于致人，不致于人。今田悦与淄、青、兖三军为首尾，计欲不战以老我师。若分兵击其左右，兵少未可必破，悦且来救，是前后受敌也。兵法所谓攻其必救，彼固当战也。燧为诸军合而破之。』燧乃造三桥道逾洹水，日挑战，悦不敢出。恒州兵以军少，惧为燧所并，引军合于悦。悦与燧明日复挑战，乃伏兵万人，欲邀燧。燧乃引诸军半夜皆食，先鸡鸣时，击鼓吹角，潜师傍洹水，径赴魏州。令曰：『闻贼至，则止为陈。』又令百骑吹鼓角，皆留于后，仍抱薪持火，待军毕发，止鼓角，匿其旁，伺悦军毕渡，焚其桥。军行十数里，乃率淄、青、兖州步骑四万余人，逾桥掩其后，乘风纵火，鼓噪而进。燧乃坐甲令无动，命前除草斩荆棘，广百步以为陈。募勇力得五千余人，分为前列，以俟贼至。比悦军至，则火止气乏，力少衰，乃纵兵击之，悦军大败。悦走桥，桥已焚矣。悦军乱赴水，斩首二万，淄青军殆尽。

我不欲战，画地而守之。

敌不得与我战者，乖其所之也。

故形人而我无形，则我专而敌分。

我专为一，敌分为十，是以十攻其一也。

则我众而敌寡。

能以众击寡者，则吾之所与战者，约矣。

何氏曰：约犹少也。我深堑高垒，灭迹韬声，出入无形，攻取莫测。或以轻兵健马，冲其空虚；或以强弩长弓，夺其要害。触左履右，突后惊前。昼日误之以旌旗，暮夜惑之以火鼓。故敌人畏惧，分兵防虞。譬如登山瞰城，垂帘视外，敌人分张之势我则尽知；我之攻守之方敌则不测。故我能专一，敌则分离。专一者力全，分离者力寡。以全击寡，故能必胜也。

吾所与战之地不可知。

不可知，则敌所备者多。

敌所备者多，则吾所与战者，寡矣。

故备前则后寡，备后则前寡；备左则右寡，备右则左胡；无所不备，则无所不寡。

寡者，备人者也；众者，使人备己者也。

故知战之地，知战之日，则可千里而会战。

不知战地，不知战日，则左不能救右，右不能救左，前不能求后，后不能救前，而况远者数十里，近者数里乎？

以吾度之，越人之兵虽多，亦奚益于胜败哉？

故曰：胜可为也。

敌虽众，可使无斗。

故策之而知得失之计。

作之而知动静之理。

形之而知死生之地。

何氏曰：死生之地，盖战地也。投之死地必生，置之生地必死。言我多方误挠敌人，以观其应我之形，然后随而制之，则死生之地可知也。

角之而知有余不足之处。

故形兵之极，至于无形；无形，则深间不能窥，智者不能谋。

何氏曰：行列在外，机变在内因形制变，人难窥测，可谓神微。

因形而错胜于众，众不能知。

何氏曰：因敌置胜，众不能知。

人皆知我所以胜之形，而莫知吾所以制胜之形。

故其战胜不复，而应形于无穷。

何氏曰：已胜之分，不再用也。敌来斯应，不循前法，故不穷。

夫兵形象水。

水之形，避高而趋下。

兵之形，避实而击虚。

水因地而制流。

兵因敌而制胜。

何氏曰：因敌强弱而成功。

故兵无常势。

水无常形。

能因敌变化而取胜者，谓之神。

何氏曰：行权应变在智略；智略不可测，则神妙者也。

故五行无常胜。

四时无常位。

日有短长，月有死生。

第七章 军争篇

一、曹操注《孙子兵法·军争篇》

曹操曰：两军争胜。

孙子曰：凡用兵之法，将受命于君。

合军聚众。

曹操曰：聚国人，结行伍，选部曲，起营为军阵。

交和而舍。

曹操曰：军门为和门，左右门为旗门，以车为营曰辕门，以人为营曰人门，两军相对为交和。

莫难于军争。

曹操曰：从始受命，至于交和，军争难也。

军争之难者，以迂为直，以患为利。

曹操曰：示以远，速其道里，先敌至也。

故迂其途，而诱之以利，后人发，先人至，此知迂直之计者也。

曹操曰：迂其途者，示之远也。后人发，先人至者，明于度数，先知远近之计也。

故军争为利，军争为危。

曹操曰：善者则以利，不善者则以危。

举军而争利，则不及。

曹操曰：迟不及也。

委军而争利，则辎重捐。

曹操曰：置辎重，则恐捐弃也。

是故卷甲而趋，日夜不处。

曹操曰：不得休息，罢也。

倍道兼行，百里而争利，则擒三将军。

劲者先，疲者后，其法十一而至。

曹操曰：百里而争利，非也；三将军皆以为擒。

五十里而争利，则蹶上将军，其法半至。

曹操曰：蹶，犹挫也。

三十里而争利，则三分之二至。

曹操曰：道近至者多，故无死败也。

是故军无辎重则亡，无粮食则亡，无委积则亡。

曹操曰：无此三者，亡之道也。

故不知诸侯之谋者，不能豫交。

曹操曰：不知敌情谋者，不能结交也。

不知山林、险阻、沮泽之形者，不能行军。

曹操曰：高而崇者为山，众树所聚者为林，坑堑者为险，一高一下者为阻，水草渐洳者为沮，众水所归而不流者为泽。不先知军之所据及山川之形者，则不能行师也。

不用乡导者，不能得地利。

故兵以诈立。

以利动。

以分合为变者也。

曹操曰：兵一分一合，以敌为变也。

故其疾如风。
曹操曰：击空虚也。
其徐如林。
曹操曰：不见利也。
侵掠如火。
曹操曰：疾也。
不动如山。
曹操曰：守也。
难知如阴。
动如雷震。
掠乡分众。
曹操曰：因敌而制胜也。
廓地分利。
曹操曰：分敌利也。
悬权而动。
曹操曰：量敌而动也。
先知迂直之计者胜，此军争之法也。
《军政》曰：
言不相闻，故为金鼓。
视不相见，故为旌旗。
夫金鼓旌旗者，所以一人之耳目也。

人既专一，则勇者不得独进，怯者不得独退，此用众之法也。

故夜战多火鼓，昼战多旌旗，所以变人之耳目也。

故三军可夺气。

曹操曰：左氏言一鼓作气，再而衰，三而竭。

将军可夺心。

是故朝气锐。

昼气惰。

暮气归。

故善用兵者，避其锐气，击其惰归，此治气者也。

以治待乱，以静待哗，此治心者也。

以近待远，以佚待劳，以饱待饥，此治力者也。

无邀正正之旗，勿击堂堂之陈，此治变者也。

曹操曰：正正，齐也；堂堂，大也。

故用兵之法，高陵勿向，背丘勿逆。

佯北勿从。

锐卒勿攻。

饵兵勿食。

归师勿遏。

围师必阙。

曹操曰：《司马法》曰：『围其三面，阙其一面，所以示生路也。』

穷寇勿迫。

二、杜佑注《孙子兵法·军争篇》

孙子曰：凡用兵之法，将受命于君。

合军聚众。

交和而舍。

莫难于军争。

军争之难者，以迂为直，以患为利。

杜佑曰：敌途本迂，患在道远，则先处形势之地。故曰以患为利。

故迂其途，而诱之以利，后人发，先人至，此知迂直之计者也。

故军争为利，军争为危。

举军而争利，则不及。

杜佑曰：迟不及也。举军悉行，争赴其利，则道路悉不相逮。

委军而争利，则辎重捐。

杜佑曰：委置库藏，轻师而行，若敌乘虚而来，抄绝其后，则已辎重皆悉弃捐。

是故卷甲而趋，日夜不处。

倍道兼行，百里而争利，则擒三将军。

杜佑曰：若不虑上二事，欲从速疾，卷甲束仗，潜军夜行；若敌知其情，邀而击之，则三军之将，为敌所擒也。

若秦伯袭郑，三帅皆获是也。

劲者先，疲者后，其法十一而至。

杜佑曰：百里争利，非也；三将军皆为擒也。强弱不伏相持，率十有一人至军也。

五十里而争利，则蹶上将军，其法半至。

杜佑曰：蹶，犹挫也。前军之将已为敌所蹶败。

三十里而争利，则三分之二至。

杜佑曰：道近则至者多，故不言死败，胜负未可知也。古者用师，日行三十里，步骑相须；今徒而趋利，三分之二至。

是故军无辎重则亡，无粮食则亡，无委积则亡。

故不知诸侯之谋者，不能豫交。

不知山林、险阻、沮泽之形者，不能行军。

不用乡导者，不能得地利。

杜佑曰：不任彼乡人而导军者，则不能得道路之便利也。

故兵以诈立。

以利动。

以分合为变者也。

故其疾如风。

其徐如林。

杜佑曰：不见利不前；如见吹林小动，而其大不移。

侵掠如火。

不动如山。

难知如阴。

动如雷震。

掠乡分众。

廓地分利。

悬权而动。

先知迂直之计者胜，此军争之法也。

《军政》曰：

言不相闻，故为金鼓。

视不相见，故为旌旗。

杜佑曰：瞻其指麾，以为目候。

夫金鼓旌旗者，所以一人之耳目也。

人既专一，则勇者不得独进，怯者不得独退，此用众之法也。

故夜战多火鼓，昼战多旌旗，所以变人之耳目也。

故三军可夺气。

将军可夺心。

是故朝气锐。

昼气惰。

暮气归。

故善用兵者，避其锐气，击其惰归，此治气者也。

杜佑曰：避其精锐之气，击其懈惰欲归，此理气者也。曹刿之说是也。

以治待乱，以静待哗，此治心者也。

以近待远，以佚待劳，以饱待饥，此治力者也。

杜佑曰：以我之近，待彼之远；以我之闲佚，待彼之疲劳；以我之充饱，待彼之饥虚。此理人力者也。

无邀正正之旗，勿击堂堂之陈，此治变者也。

故用兵之法，高陵勿向，背丘勿逆。

杜佑曰：敌若依据丘陵险阻，陈兵待敌，勿轻攻趋也。既驰势不便，及有殒石之冲也。

佯北勿从。

杜佑曰：北，奔走也。敌方战，气势未衰，便奔走而陈兵者，必有奇伏，勿深入从之。故《太公》曰：『夫出甲陈兵，纵卒乱行者，欲以为变也。』

锐卒勿攻。

饵兵勿食。

归师勿遏。

杜佑曰：人人有室家、乡国之往，不可遏截之，徐观其变而制之。

围师必阙。

杜佑曰：若围敌平陆之地，必空一面以示其虚，欲使战守不固，而有去留之心。若敌临危据险，强救在表，当坚固守之，未必阙也。此用兵之法。

穷寇勿迫。

三、李筌注《孙子兵法·军争篇》

李筌曰：争者，趋利也。虚实定，乃可与人争利。

孙子曰：凡用兵之法，将受命于君。

李筌曰：受君命也。遵庙胜之算，恭行天罚。

交和而舍。

李筌曰：交间和杂也。合军之后，强弱勇怯，长短向背，间杂而仵之，力相兼，后合诸营垒与敌争之。

莫难于军争。

军争之难者，以迂为直，以患为利。

故迂其途，而诱之以利，后人发，先人至，此知迂直之计者也。

李筌曰：故迂其途，示不速进，后人发，先人至也。用兵若此，以患为利者。

故军争为利，军争为危。

李筌曰：夫军者，将善则利，不善则危。

举军而争利，则不及。

李筌曰：辎重行迟。

委军而争利，则辎重捐。

李筌曰：委弃辎重，则军资阙也。

是故卷甲而趋，日夜不处。

倍道兼行，百里而争利，则擒三将军。

劲者先，疲者后，其法十一而至。

李筌曰：一日行一百二十里，则为倍道兼行。行若如此，则劲健者先到，疲者后至。军健者少，疲者多，且十人可一人先到，余悉在后，以此遇敌，何三将军不擒哉？魏武逐刘备，一日一夜行三百里，诸葛亮以为强弩之末，不能穿鲁缟，言无力也，是以有赤壁之败。庞涓追孙膑，死于马陵，亦其义也。

五十里而争利，则蹶上将军，其法半至。

李筌曰：百里则十人一人至，五十里十人五人至。挫军之威，不至擒也。言道近不至疲。

三十里而争利，则三分之二至。

李筌曰：近不疲也，故无死亡。

是故军无辎重则亡，无粮食则亡，无委积则亡。

李筌曰：无辎重者，阙所供也。袁绍有十万之众，魏武用荀攸计，焚烧绍辎重，而败绍于官渡。无粮食者，虽有金城，不重于食也。夫子曰：『足食足兵，民信之矣。』故汉赤眉百万众，无食，而君臣面缚宜阳。是以善用兵者，先耕而后战。无委积者，财乏阙也。汉高祖无关中，光武无河内，魏武无兖州，军北身遁，岂能复振也？

故不知诸侯之谋者，不能豫交。

李筌曰：豫，备也。知敌之情，必备其交矣。

不知山林、险阻、沮泽之形者，不能行军。

不用乡导者，不能得地利。

李筌曰：入敌境，恐山川隘狭，地土泥泞，井泉不利，使人导之以得地利。《易》曰『即鹿无虞』，则其义也。

故兵以诈立。

以利动。

以分合为变者也。

李筌曰：以诡诈乘其利动。或合或分，以为变化之形。

故其疾如风。

李筌曰：进退也，其来无迹，其退至疾也。

其徐如林。

李筌曰：整陈而行。

侵掠如火。

李筌曰：如火燎原无遗草。

不动如山。

李筌曰：驻军也。

难知如阴。

李筌曰：其势不测如阴，不能睹万象。

动如雷震。

李筌曰：盛怒也。

掠乡分众。

李筌曰：抄掠必分兵为数道，惧不虞也。

廓地分利。

李筌曰：得敌地必分守利害。

悬权而动。

李筌曰：权，量秤也。敌轻重与吾有铢镒之别，则动。夫先动为客，后动为主，客难而主易。《太一遁甲》定计之算，明动易也。

先知迂直之计者胜，此军争之法也。

李筌曰：迂直，道路。劳佚馁寒生于道路。

《军政》曰：

言不相闻，故为金鼓。

视不相见，故为旌旗。

夫金鼓旌旗者，所以一人之耳目也。

李筌曰：鼓进铎退，旌赏而旗罚。耳听金鼓，目视旌旗，故不乱也。勇怯不能进退者，由旗鼓正也。

人既专一，则勇者不得独进，怯者不得独退，此用众之法也。

故夜战多火鼓，昼战多旌旗，所以变人之耳目也。

李筌曰：火鼓，夜之所视听；旌旗，昼之所指挥。

故三军可夺气。

李筌曰：夺气，夺其锐勇。齐伐鲁，战于长勺，齐人一鼓，公将战，曹刿曰：『未可。』齐人三鼓，刿曰：『可矣。』乃战，齐师败绩。公问其故。刿曰：『夫战，勇气也。一鼓作气，再而衰，三而竭。彼竭我盈，故克之。』夺三军之气也。

将军可夺心。

李筌曰：怒之令愤，挠之令乱，间之令疏，卑之令骄，则彼之心可夺也。

是故朝气锐。

昼气惰。

暮气归。

故善用兵者，避其锐气，击其惰归，此治气者也。

李筌曰：气者，军之气勇。

以治待乱，以静待哗，此治心者也。

李筌曰：伺敌之变，因而乘之。

以近待远，以佚待劳，以饱待饥，此治力者也。

李筌曰：客主之势。

无邀正正之旗，勿击堂堂之陈，此治变者也。

李筌曰：正正者，齐整也；堂堂者，部分也。

故用兵之法，高陵勿向，背丘勿逆。

李筌曰：地势也。

佯北勿从。

李筌曰：恐有伏兵也。

锐卒铁攻。

李筌曰：避强气也。

饵兵勿食。

李筌曰：秦人毒泾上流。

归师勿遇。

李筌曰：士卒思归，志不可遏也。

围师必阙。

李筌曰：夫围敌必空其一面，示不固也。若四面围之，敌必坚守，不拔也。项羽坑外黄，魏武围壶关，即其义也。

穷寇勿迫。

四、杜牧注《孙子兵法·军争篇》

孙子曰：凡用兵之法，将受命于君。

合军聚众。

交和而舍。

杜牧曰：《周礼》以旌为左右和门，郑司农曰：『军门曰和，今谓之垒门，立两旌旗表之，以叙和出入明次第也。』

交者，言与敌人对垒而舍，和门相交对也。

莫难于军争。

杜牧曰：于争利害，难也。

军争之难者，以迂为直，以患为利。

杜牧曰：言欲争夺，先以迂远为近，以患为利，诳绐敌人，使其慢易，然后急趋也。

故迂其途，而诱之以利，后人发，先人至，此知迂直之计者也。

杜牧曰：上解曰，以迂为直，是示敌人以迂远。敌意已怠，复诱敌以利，使敌心不专。然后倍道兼行，出其不意，故能后发先至，而得所争之要害也。秦伐韩军于阏与，赵王令赵奢往救之。去邯郸三十里，而令军中曰：『有以军事谏者死。』秦军武安西，秦军鼓噪勒兵，武安屋瓦皆震。军中候有一人言急救武安，奢立斩之。坚壁留二十八日不行，复益增垒。秦间来，奢善食而遣之。间以报秦，秦将大喜曰：『夫去国三十里而军不行，乃增垒，阏与非赵地也。』奢既遣秦间，乃卷甲而趋，二日一夜至，令善射者去阏与五十里而军。秦人闻之，悉甲而至。有一卒曰：『先据北山者胜。』奢使万人据之，秦人来争不得。奢因纵击，大破之，阏与遂得解。

故军争为利，军争为危。

杜牧曰：善者，计度审也。

举军而争利，则不及。

委军而争利，则辎重捐。

杜牧曰：举一军之物行，则重滞迟缓，不及于利；委弃辎重，轻兵前追，则恐辎重因此弃捐也。

是故卷甲而趋，日夜不处。

倍道兼行，百里而争利，则擒三将军。

劲者先，疲者后，其法十一而至。

杜牧曰：此说未尽也。凡军一日行三十里为一舍，倍道兼行者再舍。昼夜不息，乃得百里，为一舍倍道。若如此争利，众疲倦，则三将军皆须为敌所擒。其法什一而至者，不得已必须争利，凡十人中择一人，最劲者先往，其余者则令继后而往。万人中先择千人，平旦先至，其余继至；有巳午时至者，有申未时至者，各得不竭其力，相继而至，与先往者足得声音相接。凡争利必是争夺要害，虽千人守之，亦足以拒抗敌人，以待继至者。太宗以三千五百骑先据武牢，窦建德十八万众而不能前，此可知也。

五十里而争利，则蹶上将军，其法半至。

杜牧曰：半至者，凡十人中择五人劲者先往也。

三十里而争利，则三分之二至。

杜牧曰：三十里内，凡十人中可以六七人先往也。不言其法者，举上文可知也。

是故军无辎重则亡，无粮食则亡，无委积则亡。

杜牧曰：辎重者，器械及军士衣装；委积者，财货也。

故不知诸侯之谋者，不能豫交。

杜牧曰：非也。豫，先也；交，交兵也。言诸侯之谋，先须知之，然后可交兵合战；若不知其谋，固不可与交兵也。

不知山林、险阻、沮泽之形者，不能行军。

不用乡导者，不能得地利。

杜牧曰：《管子》曰：『凡兵主者，必先审知地图。轘辕之险，滥车之水，名山通谷，经川陵陆丘阜之所在，苴草林木蒲苇之所茂，道里之远近，城郭之大小，名邑废邑园殖之地，必尽知之，地形出入之相错者尽藏之，然后不失地利。』卫公李靖曰：『凡是贼徒，好相掩袭。须择勇敢之夫，选明察之士，兼使乡导，潜历山林，密其声，晦其迹。或刻为兽足，而却履于中途；或上冠微禽，而幽伏于轘薄。然后倾耳以远听，竦目而深视，专智以度事机，注心而视气色。睹水痕则知敌济之早晚，观树动则可辨来寇之驱驰。故烽火莫若谨而审，旌旗莫若齐而一。赏罚必重而不欺，刑戮必严而不舍。敌之动静，而我有备也；敌之机谋，而我先知也。』

故兵以诈立。

杜牧曰：诈敌人，使不知我本情，然后能立胜也。

以利动。

杜牧曰：利者，见利始动也。

以分合为变者也。

杜牧曰：分合者，或分或合，以惑敌人；观其应我之形，然后能变化以取胜也。

故其疾如风。

其徐如林。

杜牧曰：徐，缓也。言缓行之时，须有行列如林木也，恐为敌人之掩袭也。

侵掠如火。

杜牧曰：猛烈不可向也。

不动如山。

杜牧曰：闭壁屹然，不可摇动也。

难知如阴。

杜牧曰：如玄云蔽天，不见三辰。

动如雷震。

杜牧曰：如空中击下，不知所避也。

掠乡分众。

杜牧曰：敌之乡邑聚落，无有守兵，六畜财谷易于剽掠，则须分番次第，使众人皆得往也，不可独有所往。如此，则大小强弱皆欲与敌争利也。

廓地分利。

杜牧曰：廓，开也。开土拓境，则分割与有功者。韩信言于汉王曰：『项王使人有功当封爵者，刻印，忍不能与。今大王诚能反其道，以天下城邑封功臣，天下不足取也。』《三略》曰：『获地裂之。』

悬权而动。

杜牧曰：如衡悬权，称量已定，然后动也。

先知迂直之计者胜，此军争之法也。

杜牧曰：言军争者，先须计远近迂直，然后可以为胜。其计量之审，如悬权于衡，不失锱铢，然后可以动而取胜。此乃军争胜之法也。

《军政》曰：

言不相闻，故为金鼓。

视不相见，故为旌旗。

夫金鼓旌旗者，所以一人之耳目也。

人既专一，则勇者不得独进，怯者不得独退，此用众之法也。

杜牧曰：旌以出令，旗以应号。盖旗者，即今之信旗也。《军法》曰：『当进不进，当退不退者，斩之。』吴起与秦人战，战未合，有一夫不胜其勇，前，获双首而返，吴起斩之。军吏进谏曰：『此材士也，不可斩。』吴起曰：『信材士，非令也。』乃斩之。

故夜战多火鼓，昼战多旌旗，所以变人之耳目也。

杜牧曰：令军士耳目皆随旌旗、火鼓而变也。或曰：夜战多火鼓，其旨如何？夜黑之后，必无原野列阵，与敌刻期而战也。军袭敌营，鸣鼓燃（然）火适足以警敌人之耳，明敌人之目，于我返害。其义安在？答曰：富哉问乎！此乃孙武之微旨也。凡夜战者，盖敌人来袭我垒，不得已而与之战。其法在于立营之法，与陈小同。故《志》曰：『止则为营，行则为陈。』盖大陈之中，必包小陈；大营之内，亦包小营。盖前后左右之军，各自有营环绕，大将之营居于中央，诸营环之，隅落钩联，曲折相对，象天之壁垒星。其营相去，上不过百步，下不过五十步。道径通达，足以出队列部；壁垒相望，足以弓弩相救。每于十字路口，必立小堡，上致柴薪，穴为暗道，胡梯上之，令人看守。夜黑之后，声鼓四起，即以燔燎。是以贼夜袭我，虽入营门，四顾屹然，复有小营，各自坚守，东西南北，未知所攻。大将营或诸小营中，先知有贼至者，放令尽入，然后击鼓，诸营齐应，众堡燎火，明如昼日；诸营兵士于是闭门登垒，下瞰敌人，劲弩强弓，四向俱发。敌人虽有韩、白之将，鬼神之兵，亦无能计也。惟恐夜不袭我，来则必败。若敌人或能潜入一营，即诸营举火出兵，四面绕之，号令营中不得辄动，须臾之际，善恶自分。贼若出走，皆在罗网矣。故司马宣王入诸葛亮营垒，见其曲折，曰：『此天下之奇才也』！今之立营，通洞豁达，杂以居之，若有贼夜来斫营，万人一时惊扰。虽多致斥候，严为备守，晦黑之后，彼我不分，虽有众力，亦不能用。

故三军可夺气。

杜牧曰：《司马法》：『战以力久，以气胜。』齐伐鲁，庄公将战于长勺。公将鼓之。曹刿曰：『未可。』齐人三鼓，刿曰：『可矣。』齐师败绩。公问其故。对曰：『夫战，勇气也。一鼓作气，再而衰，三而竭。彼竭我盈，故克之。』晋将毋丘俭、文钦反，诸军屯乐嘉，司马景王衔枚径造之。钦子鸯，年十八，勇冠三军，曰：『及其未定，请登城鼓噪击之，可破。』既而三噪之，钦不能应，鸯退，相与引而东。景王谓诸将曰：『钦走矣。』发锐军以追之。诸将曰：『钦旧将，鸯小而锐，引军内入，未有失利，必不走也。』王曰：『一鼓作气，再而衰，三而竭。鸯鼓而钦不应，其势已屈，不走何待？』钦果引去。

将军可夺心。

杜牧曰：心者，将军心中所倚赖以为军者也。后汉寇恂征隗嚣，嚣将高峻守高平第一。峻遣军将皇甫文出谒恂，辞礼不屈，恂怒斩之，遣其副。峻惶恐，即日开城门降。诸将曰：『敢问杀其使而降其城，何也？』恂曰：『皇甫文，峻之腹心，其所取计者。今来辞气不屈，必无降心。全之则文得其计，杀之则峻亡其胆，是以降耳。』后燕慕容垂遣子宝率众伐后魏。始，宝之来，垂已有疾。自到五原，道武帝断其来路，父子问绝。道武乃诡其行人之辞，令临河告之曰：『父已死，何不遽还？』宝兄弟闻之，忧惧，以为信然，因夜遁去。道武袭之，大破于参合陂。

是故朝气锐，

昼气惰，

暮气归。

故善用兵者，避其锐气，击其惰归，此治气者也。

杜牧曰：阳气生于子，成于寅，衰于午，伏于申。凡晨朝阳气初盛，其来必锐，故须避之；候其衰，伏击之，必胜。武德中，太宗与窦建德战于汜水东。建德列陈，弥亘数里（理）。太宗将数骑登高观之，谓诸将曰：『贼度险而嚣，是军无政令；逼城而陈，有轻我心。按兵不出，待敌气衰，陈久卒饥，必将自退，退击之，何往不克』！建德列陈自卯至午，兵士饥倦，悉列坐右，又争饮水。太宗曰：『可击矣。』遂战，生擒建德。

以治待乱，以静待哗，此治心者也。

杜牧曰：《司马法》曰：『本心固。』言料敌制胜，本心已定，但当调治之，使安静坚固，不为事挠，不为利惑，候敌之乱，伺敌之哗，则出兵攻之矣。

以近待远，以佚待劳，以饱待饥，此治力者也。

杜牧曰：上文云『致人而不致于人』是也。

无邀正正之旗，勿击堂堂之陈，此治变者也。

杜牧曰：堂堂者，无惧也。兵者，随敌而变。敌有如此，则勿击之，是能治变也。后汉曹公围邺，袁尚来救。公曰：『尚若从大道来，当避之；若循西山来，此成擒耳。』尚果循西山来，逆击，大破之也。

故用兵之法，高陵勿向，背丘勿逆。

杜牧曰：向者，仰也；背者，倚也；逆者，迎也。言敌在高处，不可仰攻；敌倚丘山下来求战，不可逆之。此言自下趋高者力乏，自高趋下者势顺也，故不可向迎。

佯北勿从。

锐卒勿攻。

杜牧曰：避实也。楚子伐隋，隋臣季良曰：『楚人尚左，君必左，无与王遇。且攻其右，右无良焉，必败。偏败，众乃携矣。』隋少师曰：『不当王，非敌也。』不从，隋师败绩。

饵兵勿食。

杜牧曰：敌忽弃饮食而去，先须尝试，不可便食，虑毒也。后魏文帝时，库莫奚侵扰，诏济阴王新成率众讨之。王乃多为毒酒。贼既渐逼，使弃营而去。贼至，喜，竞饮。酒酣毒作，王简轻骑纵击，俘获万计。

归师勿遏。

杜牧曰：曹公自征张绣于穰，刘表遣兵救绣，以绝军后。公将引还，绣兵来追，公军不得进。表与绣复合兵守险，公军前后受敌。公乃夜凿险为地道，悉过辎重，设奇兵，会昭，贼谓公为遁也，悉军来追。纵奇兵步骑夹攻，大破之。公谓荀文若曰：『虏遏吾归师，而与吾死地，吾是以知胜矣。』

围师必阙。

杜牧曰：示以生路，令无必死之心，因而击之。后汉妖巫维汜弟子单臣、傅镇等相聚，入原武城，劫掠吏人，自称将军。光武遣臧宫将北军数千人围之。贼食多，数攻不下，士卒死伤。帝召公卿诸侯王问方略。明帝时为东海王，对曰：『妖巫相劫，势无久立，其中必有悔者；但外围急，不得走耳。小挺缓令得逃亡，则一亭长足以擒矣。』帝即敕令开围缓守，贼众分散，遂斩臣、镇等。大唐天宝末，李光弼领朔方军，与史思明战于土门，贼众退散，四面围合。光弼令开东南角以纵之。贼见开围，弃甲急走。因追击之，尽歼其众。是开一面也。

穷寇勿迫。

杜牧曰：春秋时，吴伐楚，楚师败走，及清发，阖闾复将击之。夫概王曰：『困兽犹斗，况人乎？若知不免而致死，必败我。若使半济，而后可击也。』从之，又败之。汉宣帝时，赵充国讨先零羌。羌睹大军，弃辎重，欲渡湟水，道厄狭，充国徐行驱之。或曰：『逐利行迟。』充国曰：『穷寇也，不可迫。缓之则走不顾，急之则还致死。』诸将曰：『善。』虏果赴水，溺死者数万，于是大破之也。

五、陈皞注《孙子兵法·军争篇》

孙子曰：凡用兵之法，将受命于君。

合军聚众。

交和而舍。

莫难于军争。

军争之难者，以迂为直，以患为利。

陈皞曰：言合军聚众，交和而舍，皆有旧制，惟军争最难也。苟不知以迂为直，以患为利者，即不能与敌争也。

故迂其途，而诱之以利，后人发，先人至，此知迂直之计者也。

故军争为利，军争为危。

举军而争利，则不及。

委军而争利，则辎重捐。

是故卷甲而趋，日夜不处。

倍道兼行，百里而争利，则擒三将军。

劲者先，疲者后，其法十一而至。

陈皞曰：杜说别是用兵一途，非什一而至之义也。盖言百里争利，劲者先，疲者后，十中得一而至，九皆疲困，一则劲者也。

五十里而争利，则蹶上将军，其法半至。

三十里而争利，则三分之二至。

是故军无辎重则亡，无粮食则亡，无委积则亡。

陈皞曰：此说委军争利之难也。

故不知诸侯之谋者，不能豫交。

陈皞曰：曹说以为不先知敌人作谋，即不能预结外援。二说并通。

不知山林、险阻、沮泽之形者，不能行军。

不用乡导者，不能得地利。

陈皞曰：凡此地利，非用乡人为导引，则不能知地利也。

故兵以诈立。

以利动。

以分合为变者也。

陈皞曰：乍合乍分，随而更变之也。

故其疾如风。

其徐如林。

侵掠如火。

不动如山。

难知如阴。

动如雷震。

掠乡分众。

陈皞曰：夫乡邑村落，因非一处，察其无备，分兵掠之。『掠乡』，一作指向。

廓地分利。

陈皞曰：言获其土地，则屯兵种莳，以分敌之利也。

悬权而动。

先知迂直之计者胜，此军争之法也。

《军政》曰：

言不相闻，故为金鼓。

视不相见，故为旌旗。

夫金鼓旌旗者，所以一人之耳目也。

人既专一，则勇者不得独进，怯者不得独退，此用众之法也。

故夜战多火鼓，昼战多旌旗，所以变人之耳目也。

陈皞曰：杜言夜黑之后，必无原野列陈，与敌人刻期而战，非也。天宝末，李光弼以五百骑趋河阳，多列火炬，首尾不息。史思明数万之众，不敢逼之，岂止待贼斫营而已？

故三军可夺气。

将军可夺心。

是故朝气锐。

陈皞曰：初来之气，气方盛锐，勿与之争也。

昼气惰。

暮气归。

故善用兵者，避其锐气，击其惰归，此治气者也。

陈皞曰：有辰巳列陈，至午未未胜者，午未列陈，至申酉未胜者，不必事须晨旦而为阳气，申午而为衰气也。太宗之攻建德也，登高而望之，谓诸将曰：『贼尽锐来攻，我当少避之，退则可以骑留之。』以明不须晨旦也。凡彼有锐，则如此避之；不然则否。

以治待乱，以静待哗，此治心者也。

陈皞曰：政令不一，赏罚不明，谓之乱；旌旗错杂，行伍轻嚣，谓之哗。审敌如是，则出攻之。

以近待远，以佚待劳，以饱待饥，此治力者也。

无邀正正之旗，勿击堂堂之陈，此治变者也。

故用兵之法，高陵勿向，背丘勿逆。

佯北勿从。

锐卒勿攻。

陈皞曰：此说是避敌所长，非锐卒勿攻之旨也。盖言士卒轻锐，且勿攻之，待其懈惰，然后击之。所谓千里远斗，其锋莫当，盖近之尔。

饵兵勿食。

陈皞曰：此之获胜，盖非偶然，固非为将之道，垂后世法也。孙子岂以他人不能致毒于人腹中哉？此言喻鱼若见饵，不可食也；敌若悬利，不可贪也。曹公与袁绍将文丑等战，诸将以为敌骑多，不如还营。荀攸曰：『此所以饵乱也，安可去之？』即知饵兵非止谓置毒也。『食』字疑或为『贪』字也。

归师勿遏。

围师必阙。

穷寇勿迫。

陈皞曰：鸟穷则搏，兽穷则噬也。

六、贾林注《孙子兵法·军争篇》

孙子曰：凡用兵之法，将受命于君。

合军聚众。

交和而舍。

贾林曰：舍，止也。士众交杂和合而止于军中，趋利而动。

莫难于军争。

军争之难者，以迂为直，以患为利。

贾林曰：全军而行，争于便利之地，而先据之，若不得其地，则输敌之胜，最其难也。

故迂其途，而诱之以利，后人发，先人至，此知迂直之计者也。

贾林曰：敌途本近，我能迂之者，或以羸兵，或以小利，于他道诱之，使不得以军争赴也。

故军争为利，军争为危。

贾林曰：我军先至，得其便利之地则为利。彼敌先据其地，我三军之众驰往争之，则敌佚我劳，危之道也。

举军而争利，则不及。

贾林曰：行军用师，必趋其利。远近之势，直以举军往争其利，难以速至；可以潜设奇计，迂敌途程，敌不识我谋，则我先而敌后也。

委军而争利，则辎重捐。

贾林曰：恐敌知而绝我后粮也。

是故卷甲而趋，日夜不处。

倍道兼行，百里而争利，则擒三将军。

劲者先，疲者后，其法十一而至。

贾林曰：路远人疲，奔驰力尽，如此则我劳敌佚，被击何疑。百里争利，慎勿为也。

五十里而争利，则蹶上将军，其法半至。

贾林曰：上犹先也。

三十里而争利，则三分之二至。

是故军无辎重则亡，无粮食则亡，无委积则亡。

故不知诸侯之谋者，不能豫交。

不知山林、险阻、沮泽之形者，不能行军。

不用乡导者，不能得地利。

故兵以诈立。

以利动。

以分合为变者也。

故其疾如风。

其徐如林。

侵掠如火。

贾林曰：侵掠敌国，若火燎原，不可往复。

不动如山。

贾林曰：未见便利，敌诱诳我，我因不动，如山之安。

难知如阴。

动如雷震。

贾林曰：其动也疾，不及应。《太公》曰：『疾雷不及掩耳。』

掠乡分众。

贾林曰：三军不可言遣，故以旌旗指向；队伍不可语传，故以麾帜分众。故因敌陈形，可为势此尤顺，训练分明，师徒服习也。

廓地分利。

贾林曰：廓，度也。度敌所据地利，分其利也。

悬权而动。

先知迂直之计者胜，此军争之法也。

言不相闻，故为金鼓。

视不相见，故为旌旗。

夫金鼓旌旗者，所以一人之耳目也。

人既专一，则勇者不得独进，怯者不得独退，此用众之法也。

故夜战多火鼓，昼战多旌旗，所以变人之耳目也。

贾林曰：火鼓旌旗，可以听望，故昼夜异用之。

故三军可夺气。

将军可夺心。

是故朝气锐。

昼气惰。

暮气归。

故善用兵者，避其锐气，击其惰归，此治气者也。

以治待乱，以静待哗，此治心者也。

贾林曰：以我之整治待敌之挠乱，以我之清静，待敌之喧哗，此治心者也。故《太公》曰『事莫大于必克，用莫大于玄默』也。

以近待远，以佚待劳，以饱待饥，此治力者也。

无邀正正之旗，勿击堂堂之陈，此治变者也。

故用兵之法，高陵勿向，背丘勿逆。

佯北勿从。

贾林曰：敌未衰忽然奔北，必有奇伏要击我兵，谨勒将士，勿令逐追。

锐卒勿攻。

饵兵勿食。

归师勿遇。

围师必阙。

穷寇勿迫。

七、孟氏注《孙子兵法·军争篇》

孙子曰：凡用兵之法，将受命于君。

合军聚众。

交和而舍。

莫难于军争。

军争之难者，以迂为直，以患为利。

故迂其途，而诱之以利，后人发，先人至，此知迂直之计者也。

故军争为利，军争为危。

举军而争利，则不及。

委军而争利，则辎重捐。

是故卷甲而趋，日夜不处。

倍道兼行，百里而争利，则擒三将军。

劲者先，疲者后，其法十一而至。

五十里而争利，则蹶上将军，其法半至。

三十里而争利，则三分之二至。

是故军无辎重则亡，无粮食则亡，无委积则亡。

故不知诸侯之谋者，不能豫交。

不知山林、险阻、沮泽之形者，不能行军。

不用乡导者，不能得地利。

故兵以诈立。

以利动。

以分合为变者也。

孟氏曰：兵法诡诈，以利动敌心；或合或离，为变化之术。

故其疾如风。

其徐如林。

孟氏曰：言缓行须有行列如林，以防其掩袭。

侵掠如火。

不动如山。

难知如阴。

动如雷震。

掠乡分众。

廓地分利。

悬权而动。

先知迂直之计者胜，此军争之法也。

《军政》曰：

言不相闻，故为金鼓。

视不相见，故为旌旗。
夫金鼓旌旗者，所以一人之耳目也。
人既专一，则勇者不得独进，怯者不得独退，此用众之法也。
故夜战多火鼓，昼战多旌旗，所以变人之耳目也。
故三军可夺气。
将军可夺心。
是故朝气锐。
孟氏曰：《司马法》曰：『新气胜旧气。』新气即朝气也。
昼气惰。
暮气归。
孟氏曰：朝气，初气也；昼气，再作之气也；暮气，衰竭之气也。
故善用兵者，避其锐气，击其惰归，此治气者也。
以治待乱，以静待哗，此治心者也。
以近待远，以佚待劳，以饱待饥，此治力者也。
无邀正正之旗，勿击堂堂之陈，此治变者也。
故用兵之法，高陵勿向，背丘勿逆。
孟氏曰：敌背丘陵为陈，无有后患，则当引军平地，勿迎击之。
佯北勿从。
锐卒勿攻。
饵兵勿食。
归师勿遏。

孟氏曰：人怀归心，必能死战，则不可止而击也。

围师必阙。

穷寇勿迫。

八、梅尧臣注《孙子兵法·军争篇》

孙子曰：凡用兵之法，将受命于君。

合军聚众。

梅尧臣曰：聚国之众，合以为军。

交和而舍。

梅尧臣曰：军门为和门，两军交对而舍也。

莫难于军争。

梅尧臣曰：自受命至此为最难。

军争之难者，以迂为直，以患为利。

梅尧臣曰：能变迂为近，转患为利，难也。

故迂其途，而诱之以利，后人发，先人至，此知迂直之计者也。

梅尧臣曰：远其途，诱以利，款之也；后其发，先其至，争之也。能知此者，变迁转害之谋也。

故军争为利，军争为危。

梅尧臣曰：军争之事，有利也、有危也。又一本作军争为利，众争为危。

举军而争利，则不及。

梅尧臣曰：举军中所有而行，则迟缓。

委军而争利，则辎重捐。

梅尧臣曰：委军中所有而行，则辎重弃。

是故卷甲而趋，日夜不处。

倍道兼行，百里而争利，则擒三将军。

劲者先，疲者后，其法十一而至。

梅尧臣曰：军日行三十里而舍。今乃昼夜不休行百里，故三将军为其擒也。何则？涉途既远，劲者少，罢者多，十中得一至耳。三将军者，三军之帅也。

五十里而争利，则蹶上将军，其法半至。

梅尧臣曰：十中得五犹远不能胜。

三十里而争利，则三分之二至。

梅尧臣曰：道近至多，庶或有胜。

是故军无辎重则亡，无粮食则亡，无委积则亡。

梅尧臣曰：三者不可无，是不可委军而争利也。

故不知诸侯之谋者，不能豫交。

梅尧臣曰：不知敌国之谋，则不能预交邻国以为援助也。

不知山林、险阻、沮泽之形者，不能行军。

梅尧臣曰：山林险阻之形，沮泽汙淖之所，必先审知。

不用乡导者，不能得地利。

梅尧臣曰：凡丘陵原衍之向背，城邑道路之迂直，非人引导，不能得也。

故兵以诈立。

梅尧臣曰：非诡道不能立事。

以利动。

梅尧臣曰：非利不可动。

以分合为变者也。

梅尧臣曰：兵乍分乍合，以敌为变也。

故其疾如风。

梅尧臣曰：来无形迹。

其徐如林。

梅尧臣曰：如林之森然不乱也。

侵掠如火。

不动如山。

梅尧臣曰：峻不可犯。

难知如阴。

梅尧臣曰：幽隐莫测。

动如雷震。

梅尧臣曰：迅不及避。

掠乡分众。

梅尧臣曰：以飨士卒。

廓地分利。

梅尧臣曰：与有功也。

悬权而动。

先知迂直之计者胜，此军争之法也。

梅尧臣曰：称量利害而动，在预知远近之方则胜。

《军政》曰：

梅尧臣曰：军之旧典。
言不相闻，故为金鼓。
梅尧臣曰：以威耳也。耳威于声，不可不清。
视不相见，故为旌旗。
梅尧臣曰：以威目也。目威于色，不得不明。
夫金鼓旌旗者，所以一人之耳目也。
人既专一，则勇者不得独进，怯者不得独退，此用众之法也。
梅尧臣曰：一人之耳目者，谓使人之视听齐一而不乱也。鼓之则进，金之则止，麾右则右，麾左则左，不可以勇怯而独先也。
故夜战多火鼓，昼战多旌旗，所以变人之耳目也。
梅尧臣曰：多者，欲以变惑敌人耳目。
故三军可夺气。
将军可夺心。
梅尧臣曰：以鼓旗之变惑夺其气；军既夺气，将亦夺心。
是故朝气锐。
昼气惰。
暮气归。
梅尧臣曰：朝，言其始也；昼，言其中也；暮，言其终也。谓兵始而锐，久则惰而思归，故可击。
故善用兵者，避其锐气，击其惰归，此治气者也。
梅尧臣曰：气盛勿击，衰懈易败。
以治待乱，以静待哗，此治心者也。

梅尧臣曰：镇静待敌，众心则宁。
以近待远，以佚待劳，以饱待饥，此治力者也。
梅尧臣曰：无困竭人，力以自弊。
无邀正正之旗，勿击堂堂之陈，此治变者也。
梅尧臣曰：正正而来，堂堂而陈，示无惧也，必有奇变。
故用兵之法，高陵勿向，背丘勿逆。
梅尧臣曰：高陵勿向者，敌处其高，不可仰击；背丘勿逆者，敌自高而来，不可逆战，势不便也。
佯北勿从。
梅尧臣曰：恐有伏兵也。
锐卒勿攻。
梅尧臣曰：伺其气挫。
饵兵勿食。
梅尧臣曰：鱼贪饵而亡，兵贪饵而败。敌以兵来钓我，我不可从。
归师勿遏。
梅尧臣曰：敌必死战。
围师必阙。
梅尧臣曰：《司马法》曰：『围其三面，阙其一面，所以示生路也。』
穷寇勿迫。
梅尧臣曰：困兽犹斗，物理然也。

九、王皙注《孙子兵法·军争篇》

王皙曰：争者，争利，得利则胜。宜先审轻重，计迂直，不可使敌乘我劳也。

孙子曰：凡用兵之法，将受命于君。

合军聚众。

王皙曰：大国三军，总三万七千五百人。若悉举其赋，则总七万五千人。此所谓合军聚众。

交和而舍。

莫难于军争。

军争之难者，以迂为直，以患为利。

王皙曰：曹公曰：『示以远，速其道里，先敌至。』哲谓示以远者，使其不虞而行，或奇兵从间道出也。

故迂其途，而诱之以利，后人发，先人至，此知迂直之计者也。

故军争为利，军争为危。

举军而争利，则不及。

王皙曰：以辎重故。

委军而争利，则辎重捐。

王皙曰：置辎重，则恐捐弃也。

是故卷甲而趋，日夜不处。

倍道兼行，百里而争利，则擒三将军。

劲者先，疲者后，其法十一而至。

王皙曰：罢，羸也。此言争利之道，宜近不宜远耳。夫冲风之衰，不能起毛羽；强弩之末，不能穿鲁缟。苟日夜兼行，百里趋利，纵使一分劲者能至，固已困乏矣。即敌人以佚击我之劳，自当不战而败。故司马宣王曰：『吾倍道兼行，此晓兵者之所忌也。』或曰：赵奢亦卷甲而趋，二日一夜，卒胜秦者，何也？曰：奢久并气积力，增垒遣间，示怯以骄之；使秦不意其至，兵又坚。奢又去阏与五十里而军，比秦闻之，及发兵至，非二三日不能也。能来，是彼有五十里趋敌之劳，而我固已二三日休息，士卒不胜其佚。且又投之险难，先据高阳。奇正相因，曷为不胜哉？

五十里而争利，则蹶上将军，其法半至。

王皙曰：罢劳之患，减于太半，止挫败而已。

三十里而争利，则三分之二至。

王皙曰：计彼我之势，宜须争者，或亦当然。虽三分二至，盖其精锐者之力未至劳乏，不可决以为败，故不云其法也。

是故军无辎重则亡，无粮食则亡，无委积则亡。

王皙曰：委积，谓薪刍蔬材之属。军恃此三者以济，不可轻离也。

故不知诸侯之谋者，不能豫交。

不知山林、险阻、沮泽之形者，不能行军。

不用乡导者，不能得地利。

故兵以诈立。

王皙曰：谓以迂为直，以患为利也。

以利动。

王皙曰：诱之也。

以分合为变者也。

故其疾如风。

王皙曰：速乘虚也。

其徐如林。

王皙曰：齐肃也。

侵掠如火。

不动如山。

王皙曰：坚守也。

难知如阴。

王皙曰：形藏也。

动如雷震。

王皙曰：不虞而至。

掠乡分众。

王皙曰：指所乡以分其众。乡，音向。

廓地分利。

王皙曰：廓视地形，以据便利，勿使敌专也。

悬权而动。

先知迂直之计者胜，此军争之法也。

王皙曰：量敌审轻重而动，又知迂直，必胜之道也。

《军政》曰：

王皙曰：古军书。

言不相闻，故为金鼓。

王皙曰：鼓鼙钲铎之属。坐作进退，疾徐疏数，皆有其节。

视不相见，故为旌旗。

王皙曰：表，部曲行列齐整也。

夫金鼓旌旗者，所以一人之耳目也。

人既专一，则勇者不得独进，怯者不得独退，此用众之法也。

王皙曰：使三军之众，勇怯进退齐一者，鼓铎旌旗之为也。

故夜战多火鼓，昼战多旌旗，所以变人之耳目也。

王皙曰：多者，所以震骇视听，使慹我之威武声气也。《传》曰：『多鼓钧声，以夜军之。』

故三军可夺气。

王皙曰：震慹衰惰，则军气夺矣。

将军可夺心。

王皙曰：纷乱喧哗，则将心夺矣。

是故朝气锐。

王皙曰：士众凡初举气锐也。

昼气惰。

王皙曰：渐久少怠。

暮气归。

王皙曰：怠久意归，无复战理。

故善用兵者，避其锐气，击其惰归，此治气者也。

以治待乱，以静待哗，此治心者也。

王皙曰：政令不一，赏罚不明，谓之乱；旌旗错杂，行伍轻嚣，谓之哗。审敌如是，则出攻之。

以近待远，以佚待劳，以饱待饥，此治力者也。

王皙曰：以余制不足，善治力也。

无邀正正之旗，勿击堂堂之陈，此治变者也。

王皙曰：本可要击，以视整齐盛大，故变。

故用兵之法，高陵勿向，背丘勿逆。

王皙曰：如此不便，则当严阵以待变也。

佯北勿从。

王晳曰：势不至北，必有诈也，则勿逐。

锐卒勿攻。

饵兵勿食。

王晳曰：饵我以利，必有奇伏。

归师勿遏。

王晳曰：人自为战也，勿遏塞之。若犹有他虑，则可要而击。曹公攻邺，袁尚来救。诸将以为归师，不如避之。公曰：『尚从大道来，则避之；若循西山来者，此成擒耳。』盖大道来则归意全，循山来则顾负险，且有惧心也。

围师必阙。

穷寇勿迫。

十、何延锡注《孙子兵法·军争篇》

孙子曰：凡用兵之法，将受命于君。

合军聚众。

交和而舍。

何氏曰：和门相望，将合战争利，兵家难事也。

莫难于军争。

军争之难者，以迂为直，以患为利。

何氏曰：谓所征之国，路由山险，迂曲而远。将欲争利，则当分兵出奇，随逐乡导，由直路乘其不备急击之，虽有陷险之患，得利亦速也。如钟会伐蜀，而邓艾出奇，先至蜀，蜀无备而降。故下云『不得乡导，不能得地利』是也。

故迂其途，而诱之以利，后人发，先人至，此知迂直之计者也。

何氏曰：迂途者，当行之途也。以分兵出奇，则当行之途，示以迂变，设势以诱敌，令得小利縻之，则出奇之兵，虽后发亦先至也。言争利须料迂直之势出奇，故下云分合为变，其疾如风是也。

故军争为利，军争为危。

何氏曰：此又言出军行师，驱三军之众与敌人相角逐，以争一日之胜，得之则为利，失之则为危，不可轻举。

举军而争利，则不及。

委军而争利，则辎重捐。

何氏曰：委置库藏，轻师而行，若敌乘虚而来抄绝其后，则已辎重皆悉弃捐。

是故卷甲而趋，日夜不处。

倍道兼行，百里而争利，则擒三将军。

劲者先，疲者后，其法十一而至。

何氏曰：言三将出奇求利，委军众辎重，卷甲务速，若昼夜百里不息，则劲者能十至其一。我劳敌佚，敌众我寡，击之未必胜也；败则三将俱擒。以此见武之深戒也。

五十里而争利，则蹶上将军，其法半至。

三十里而争利，则三分之二至。

是故军无辎重则亡，无粮食则亡，无委积则亡。

故不知诸侯之谋者，不能豫交。

不知山林、险阻、沮泽之形者，不能行军。

不用乡导者，不能得地利。

何氏曰：《乡导略》曰：『从禽者，若无山虞之官，度其形势之可否，则徒入于林中，终不能获鹿矣。出征者，若无彼乡之人，导其道路之迂直，则虽至于境外，终不能获寇矣。』夫以奉辞致讨，趋未历之地，声教未通，音驿所绝，深入其阻，不亦艰哉！我孤军以往，彼密严而待，客主之势已相远矣；况其专任诡谲，多方以误我！苟不计而直进，冒危而长驱，跻险则有壅决之害，昼行则有暴来之斗，夜止则有虚惊之忧。仓卒无备，落其彀中，是乃拥熊虎之师，自投于死地，又安能摩逆垒，荡狡穴乎？故敌国之山川、陵陆、丘阜之可以设险者，林木、蒲苇、茂草之可以隐藏者，道里之远近，城郭之小大，邑落之宽狭，田壤之肥瘠，沟渠之深浅，蓄积之丰约，卒乘之众寡，器械之坚脆，必能尽知之；则虏在目中不足擒也。昔张骞尝使大夏，留匈奴中久，导军知利善水草处，其军得以无饥渴。兹亦能获其便利也。凡用乡导，或军行虏获其人，须防贼谋阴持奸计，为其诱误；必在鉴其色，察其情，参验数人之言，始终如一，乃可为准。厚其颁赏，使之怀恩，丰其室家，使之系心，即为吾人，当无翻覆。然不如素畜堪用者，但能谙练行途，不必土人，亦可任也。仍选腹心智勇之士，挟而偕往，则巨细必审，指踪无失矣。

故兵以诈立。

何氏曰：张形势以误敌也。

以利动。

何氏曰：量敌可击则击。

以分合为变者也。

故其疾如风。

何氏曰：来无形迹。

其徐如林。

侵掠如火。

不动如山。

何氏曰：止如山之镇静。

难知如阴。

何氏曰：暗秘而不可料。

动如雷震。

何氏曰：藏谋以奋如此。

掠乡分众。
何氏曰：得掠物则与众分。
廓地分利。
悬权而动。
何氏曰：如衡悬权，秤量已定，然后动也。
先知迂直之计者胜，此军争之法也。
《军政》曰：
言不相闻，故为金鼓。
视不相见，故为旌旗。
夫金鼓旌旗者，所以一人之耳目也。
人既专一，则勇者不得独进，怯者不得独退，此用众之法也。
故夜战多火鼓，昼战多旌旗，所以变人之耳目也。故三军可夺气。
何氏曰：《淮南子》曰：『将充勇而轻敌，卒果敢而乐战，三军之众百万之师，志厉青云，气如飘风，声如雷霆，诚积逾而威加敌人，此谓气势。』《吴子》曰：『三军之众百万之师，张设轻重，在于一人，是谓气机。』故夺气者有所恃有所乘，则可矣。
将军可夺心。
何氏曰：先须己心能固，然后可以夺敌将之心。故《传》曰『先人有夺人之心』，《司马法》曰：『本心固，新气一胜』者是也。
是故朝气锐。
昼气惰。
暮气归。

故善用兵者，避其锐气，击其惰归，此治气者也。

何氏曰：夫人情莫不乐安而恶危，好生而惧死，无故驱之就卧尸之地，乐趋于兵战之场，其心之所蓄，非有忿怒欲斗之气，一旦乘而激之，冒难而不顾，犯危而不畏，则未尝不悔而怯矣。今夫天下懦夫心有所激，则率尔争斗，不啻诸、刿。至于操刃而求斗者，气之所乘也；气衰则息，恻然而悔矣。故三军之视强寇如视处女者，乘其忿怒而有所激也。是以即墨之围，五千人击却燕师者，乘燕劓降掘冢之怒也。秦之斗士倍我者，因三施无报之怒，所以我怠而秦奋也。二者，治气有道，而所用乘其机也。

以治待乱，以静待哗，此治心者也。

以近待远，以佚待劳，以饱待饥，此治力者也。

无邀正正之旗，勿击堂堂之陈，此治变者也。

何氏曰：所谓强则避之。

故用兵之法，高陵勿向，背丘勿逆。

何氏曰：秦伐韩，赵王令赵奢救之。秦人闻之，悉甲而至。军士许历请以军事谏曰：『秦人不意赵师至此，其来气盛，将军必厚集其陈以待之，不然必败。今先据北山上者胜，后至者败。』奢从之，即发万人趋之。秦兵后至，争山不得上，奢纵兵击之，大破秦军。后周遣将伐高齐，围洛阳。齐将段韶御之，登邙坂，聊欲观周军形势。至太和谷，便值周军，即遣驰告诸营，与诸将结陈以待之。周军以步人在前，上山逆战。韶以彼步我骑且却且引，得其力弊，乃遣下马击之。短兵始交，周人大溃，并即奔遁。

佯北勿从。

何氏曰：如战国秦师伐赵，赵奢之子括代廉颇将，拒秦于长平。秦阴使白起为上将军。赵出兵击秦，秦军佯败而走，张二奇兵以劫之。赵军逐胜，追造秦壁，壁坚不得入。而秦奇兵二万五千人，绝赵军后；又一军五千骑，绝赵壁间。赵军分而为二，粮道绝。而秦出轻兵击之，赵战不利，因筑壁坚守，以待救至。秦闻赵食道绝，王自之河内，发卒遮绝赵救及粮食。赵卒不得食四十六日，阴相杀食，括中射而死。蜀刘表遣刘备北侵至邺，曹公遣夏侯惇、李典拒之。

一朝备烧屯去，惇遣诸将追击之。典曰：『贼无故退，疑必有伏。南道窄狭，草木深，不可追也。』不听，惇等果入贼伏里。典往救，备见救至，乃退。西魏末，遣将史宁与突厥同伐吐谷浑，遂至树敦，即吐谷浑之旧都，多诸珍藏。而其主先已奔贺真城，留其征南王及数千人固守。宁攻之，伪退。吐谷浑人果开门逐之。因回兵夺门，门未及阖，宁兵遂得入，生获其征南王，俘获男女财宝，尽归诸突厥。北齐高澄立，侯景叛归梁，而围彭城。澄遣慕容绍宗讨之。将战，绍宗以梁人剽悍，恐其众之挠也，召将帅而语之曰：『我当佯退，诱梁人使前，汝可击其背。』申明诫之。景又命梁人曰：『逐北勿过二里。』会战，绍宗走，梁人不用景言，乘败深入。魏人以绍宗之言为信，争掩击，遂大败之。唐安禄山反，郭子仪围卫州，伪郑王庆绪率兵来援，分为三军。子仪陈以待之，预选射者三千人，伏于壁内，诫之曰：『俟吾小却，贼必争进，则登城鼓噪，弓弩齐发以逼之。』既战，子仪伪退，而贼果乘之。乃开垒门，遽闻鼓噪，矢注如雨，贼徒震骇。整众追之，遂虏庆绪。

锐卒勿攻。

何氏曰：如蜀先主率大众东伐吴，吴将陆逊拒之。蜀主从建平连围至夷陵界，立数十屯，以金帛爵赏诱动诸夷。先遣将吴班以数千人于平地立营，欲以挑战。诸将皆欲击之。逊曰：『备举军东至，锐气始盛，且乘高守险，难可卒攻。攻之纵下，犹难尽克；若有不利，损我必大。今但且奖励将士，广施方略，以观其变。』备知其计不行，乃引伏兵八千人从谷中出。逊曰：『所以不听诸军击班者，揣之必有巧故也。』诸将并曰：『攻备当在初，今乃令人五六百里相衔持，经七八月，其诸要害，贼已固守，击之必无利矣。』逊曰：『备是猾虏，其军始集，思虑精专，未可干也。今住已久，不得我便，兵疲意沮，计不复生。掎角此寇，正在今日！』乃先攻一营，不利。逊曰：『吾已晓破之之术。』乃令各持一把茅以火攻拔之。备因夜遁。魏末，吴将诸葛恪围新城，司马景王使毋丘俭、文钦等拒之。俭、钦请战，景王曰：『恪卷甲深入，投兵死地，其锋未易当。且新城小而固，攻之未可拔。』遂令诸将高垒以弊之。相持数日，恪攻城力屈，死伤大半。景王乃令钦督锐卒趣合榆，断其归路，恪惧而遁。前赵刘曜遣将讨羌，大酋权渠率众保险阻，曜将游子远频败之。权渠欲降，其子伊馀大言于众中曰：『往年刘曜自来，犹无若我何。』晨，压子远垒门。左右劝出战，子远曰：『吾闻伊馀有专诸之勇，庆忌之捷，其父新败，怒气甚盛。且西戎劲悍，其锋不可拟也，不如缓之使气竭而击之。』乃坚壁不战。伊馀有骄色。子远候其无备，夜分，誓众，秣马蓐食，先晨具甲扫垒而出，迟明设覆而战，生擒伊馀于陈。唐武德中，太宗率师往河东讨刘武周，江夏王道宗从军。太宗登玉壁城睹贼，顾谓道宗曰：『贼恃其众，来邀我战，汝谓如何？』对曰：『群贼锋不可当，易以计屈，难与力争。今众深壁高垒，以挫其锋。乌合之徒，莫能持久，粮运致竭，自当离散，可不战而擒。』太宗曰：『汝意见暗与吾合。』后贼食尽夜遁，一战败之。又太宗征薛仁杲于折墌城，贼十有余万，兵锋甚锐，数来挑战。诸将请战，太宗曰：『我卒新经挫衄，锐气犹少；贼骤胜，必轻进好斗。我且闭壁以折之，待其气衰，而后击，可一战而破。此万全计也。』因令军中曰：『敢言战者斩。』相持久之，贼粮尽，军中颇携贰，其将相继来降。太宗知仁杲必腹内离，谓诸将曰：『可以战矣。』令总管梁实营于浅水源以诱之。贼大将宗罗睺自恃骄悍，求战不得，气愤者久之；及是尽锐攻梁实，冀逞其志。梁实固险不出，以挫其锋。罗睺攻之愈急。太宗度贼已疲，复谓诸将曰：『彼气将衰，吾当取之必矣。』申令诸将迟明合战。令将军庞玉陈于浅水原南，出贼之右，先饵之。罗睺并军共战，玉军几败。太宗亲御大军，奄自原北，出其不意。罗睺回师相拒，我师表里齐奋，呼声动天。罗睺气夺，于是大溃。又李靖从河间王孝恭讨萧铣，兵至夷陵，铣将文士弘率精卒数万屯清江。孝恭欲击之，靖曰：『士弘，铣之健将，士卒骁勇。今新出荆门，尽兵出战，此是救败之师，恐不可当也。宜泊南岸，勿与争锋，待其气衰然后奋击，破之必矣。』孝恭不从，留靖守营，与贼战。孝恭果败，奔于南岸。

饵兵勿食。

何氏曰：如春秋时，楚伐绞，军其南门。莫敖屈瑕曰：『绞小而轻，轻则寡谋。请无扞采樵者以诱之。』从之。绞人获三十人。明日，绞人争出，驱楚役徒于山中。楚人坐其北门而覆诸山下，大败之，为城下之盟而还。又如赤眉佯败，弃辎重走，车载土，以豆覆其上，邓弘取之，为赤眉所败。曹公未得济，而放牛马，马超取之，而公得渡。又如曹公弃辎重，文丑、刘备分取之，而为公所破。又如后魏广阳王元深以乜列河诱拔陵，竟来抄掠，拔陵为于谨伏兵所破。此皆饵之之术也。

归师勿遏。

何氏曰：如魏初曹操围张绣于穰，刘表遣兵救绣，以绝军后。公将引还，绣兵来追，公军不得进，连营稍前到安众。表与绣合兵守险，公军前后受敌。公乃夜凿险为地道，悉过辎重，设奇兵。会明，贼谓公为遁也，悉军来追。乃纵奇兵，步骑夹攻，大破之。公谓荀彧曰：『虏遏吾归师，与吾死地，是以知胜。』齐建武二年，魏围钟离，张欣泰为军主，随崔慧景救援。及魏军退，而邵阳洲上余兵万人，求输马五百匹假道。慧景欲断路攻之，欣泰说慧景曰：『归师勿遏，古人畏之。兵在死地，不可轻也。』慧景乃听过也。前秦苻坚征晋，至寿春，兵败还。长安慕容泓起兵于华泽，坚将苻叡、窦冲、姚苌讨之。苻叡勇果轻敌，不恤士众。泓闻其至也，惧，率众将奔关东。叡驰兵邀之。姚苌谏曰：『鲜卑有思归之心，宜驱令出关，不可遏也。』叡弗从。战于华泽，叡败绩被杀。后凉吕弘攻段业于张掖，不胜将东走。业议欲击之，其将沮渠蒙逊谏曰：『归师勿遏，穷寇勿追，此兵家之戒。不如纵之，以为后图。』业曰：『一日纵敌，悔将无及。』遂率众追之，为弘所败。

围师必阙。

何氏曰：如后汉初，张步据齐地，汉将耿弇总兵讨之。步使其大将费邑军历下，又分守祝阿、钟城。弇先击祝阿，自晨攻城，未日中而拔。故开围一角，令其众得奔归钟城。钟城人闻祝阿已溃，大恐惧，遂空壁亡去。又朱儁与徐璆共讨黄巾余贼，韩忠据宛，乞降，不许。因急攻之，连城不克。儁登山睹之，顾谓张超曰：『吾知之矣！贼今外围周固，内营急逼，乞降不受，欲出不得，所以死战也。万人一心，犹不可当，况十万乎？其害甚矣。今不如彻围，并兵入城，忠见围解，则势必自出。出则意散，易破之道也。』既而解围，忠果出战，儁因破之。又魏太祖围壶关，下令曰：『城拔皆坑之。』连月不下。曹仁曰：『围城必示之活门，所以开其生路也。今公告之必死，将人自为守。且城固而粮多，攻之则士卒伤，守之则日久。今顿兵坚城之下，攻必死之虏，非良计也。』太祖从之，开城，遂降。又后魏末，齐神武起义兵于河北。尔朱兆、天光、度律、仲远等四将同会邺南，士马精强，号二十万，围神武于南陵山。是时神武马二千，步卒不满三万人。兆等设围不合，神武连系牛驴，自塞归道，于是将士死战，四面奋击，大破兆等。

穷寇勿追。

何氏曰：前燕吕护据野王，阴通晋。事觉，燕将慕容恪等率众讨之。将军傅颜言之恪曰：『护穷寇假合，王师既临，则上下丧气。殿下前以广固天险，守易攻难，故为长久之策；今贼形不与往同，宜急攻之，以省千金之费。』恪曰：『护老贼，经变多矣；观其为备之道，则未易卒图也。今围之于穷城，樵采路绝，内无蓄积，外无强援，不过于十旬，弊之必矣。何必残士卒之命，而趋一时之利哉？此谓兵不血刃，而坐以制胜也。』遂列长围守之。凡经六月，而野王溃，护南奔于晋，悉降其众。五代晋将符彦卿、杜重威经略北鄙，遇虏于阳城。戎人十万围晋师于中野，乏水，军人凿井，取泥衣绞而吮之，人马渴死甚众。彦卿曰：『与其束手就擒，曷若以身殉国？我今穷蹙』！乃率劲骑出击之。会大风扬尘，乘势决战，戎人大溃。此彦卿为虏十万所围，乃穷蹙之寇，遂致死力以求生，戎人不悟之，致败也。

十一、张预注《孙子兵法·军争篇》

张预曰：以军争为名者，谓两军相对而争利也。先知彼我之虚实，然后能与人争胜，故次《虚实》。

孙子曰：凡用兵之法，将受命于君。

张预曰：受君命伐叛逆。

合军聚众。

张预曰：合国人以为军，聚兵众以为陈。

交和而舍。

张预曰：军门为和门，言与敌对垒而舍，其门相交对也。或曰：与上下交相和睦，然后可以出兵为营舍。故吴子曰：『不和于国，不可以出军；不和于军，不可以出陈。』

莫难于军争。

张预曰：与人相对而争利，天下之至难也。

军争之难者，以迂为直，以患为利。

张预曰：变迂曲为近直，转患害为便利，此军争之难也。

故迂其途，而诱之以利，后人发，先人至，此知迂直之计者也。

张预曰：形势之地，争得则胜。凡欲近争便地，先引兵远去，复以小利啖敌，使彼不意我进，又贪我利，故我得以后发而先至。此所谓以迂为直，以患为利也。赵奢据北山而败秦军，郭淮屯北原而走诸葛是也。能后发先至者，明于度数，知以迂为直之谋者也。

故军争为利，军争为危。

张预曰：智者争之则为利，庸人争之则为危；明者知迂直，愚者昧之故也。

举军而争利，则不及。

张预曰：竭军而前，则行缓，而不能及利。

委军而争利，则辎重捐。

张预曰：委置重滞，轻兵独进，则恐辎重为敌所掠，故弃捐也。

是故卷甲而趋，日夜不处，

倍道兼行，百里而争利，则擒三将军。

劲者先，疲者后，其法十一而至。

张预曰：卷甲，犹悉甲也。悉甲而进，谓轻重俱行也。凡军日行三十里则止，过六十里已上为倍道，昼夜不息为兼行。言百里之远，与人争利，轻兵在前，辎重在后，人罢马倦，渴者不得饮，饥者不得食；忽遇敌，则以劳对佚，以饥对饱，又复首尾不相及，故三军之帅，必皆为敌所擒。若晋人获秦三帅是也。轻兵之中，十人得一人劲捷者先至，下九人悉疲困而在后，况重兵乎！何以知轻重俱行？下文云：五十里而争利则半至。若止是轻兵，则一日行五十里，不为远也，焉有半至之理？是必重兵偕行也。

五十里而争利，则蹶上将军，其法半至。

张预曰：路不甚远，十中五至，犹挫军威，况百里乎！蹶上将，谓前军先行也。或问曰：唐太宗征宋金刚，一日一夜行二百余里，亦能克胜者，何也？答曰：此形同而势异也。且金刚既败，众心已沮，迫而灭之，则河东立平；

若其缓之，贼必生计。此大宗所以不计疲顿而力逐也。孙子所陈争利之法。盖与此异矣。

三十里而争利，则三分之二至。

张预曰：路近不疲，至者太半，不失行列之政，不绝人马之力，庶几可以争胜。上三事，皆谓举军而争利也。

是故军无辎重则亡，无粮食则亡，无委积则亡。

张预曰：无辎重则器用不供，无粮食则军饷不足，无委积则财货不充，皆亡覆之道。此三者，谓委军而争利也。

故不知诸侯之谋者，不能豫交。

张预曰：先知诸侯之实情，然后可与结交；不知其谋，则恐翻覆为患。其邻国为援，亦军争之事，故下文云『先至而得天下之众者为衢地』是也。

不知山林、险阻、沮泽之形者，不能行军。

张预曰：高而崇者为山，众木聚者为林，坑坎者为险，一高一下者为阻，水草渐洳者为沮，众水所归而不流者为泽，凡此地形悉能知之，然后可与人争利而行军。

不用乡导者，不能得地利。

张预曰：山川之夷险，道路之迂直，必用乡人引而导之，乃可知其所利而争胜。吴伐鲁，鲁人导之以克武城是也。

故兵以诈立。

张预曰：以变诈为本，使敌不知吾奇正所在，则我可为立。

以利动。

张预曰：见利乃动，不妄发也。《传》曰：『三军以利动。』

以分合为变者也。

张预曰：或分散其形，或合聚其势，皆因敌动静而为变化也。或曰：变谓奇正相变，使敌莫测。故《卫公兵法》云：『兵散则以合为奇，兵合则以散为奇，三令五申，三散三合，复归于正焉。』

故其疾如风。

张预曰：其来疾暴，所向皆靡。

其徐如林。

张预曰：徐，舒也。舒缓而行，若林木之森森然，谓未见利也。《尉缭子》曰『重者如山如林，轻者如炮如燔』也。

侵掠如火。

张预曰：《诗》云：『如火烈烈，莫我敢遏。』言势如猛火之炽，谁敢御我！

不动如山。

张预曰：所以持重也。《荀子・议兵篇》云：『圆居而方正，则若盘石然，触之者角摧。』言不动之时，若山石之不可移，犯之者其角立毁。

难知如阴。

张预曰：如阴云蔽天，莫睹辰象。

动如雷震。

张预曰：如迅雷忽击，不知所避。故《太公》曰：『疾雷不及掩耳，迅电不及瞬目。』

掠乡分众。

张预曰：用兵之道，大率务因粮于敌；然而乡邑之民所积不多，必分兵随处掠之，乃可足用。

廓地分利。

张预曰：开廓平易之地，必分兵守利，不使敌人得之。或云：得地则分赏有功者，今观上下之文，恐非谓此也。

悬权而动。

张预曰：如悬权于衡，量知轻重然后动也。《尉缭子》曰：『权敌审将而后举。』言权量敌之轻重，审察将之贤愚，然后举也。

先知迂直之计者胜，此军争之法也。

张预曰：凡与人争利，必先量道路之迂直，审察而后动，则无劳顿寒馁之患，而且进退迟速，不失其机，故胜也。

《军政》曰：

言不相闻，故为金鼓。

视不相见，故为旌旗。

夫金鼓旌旗者，所以一人之耳目也。

张预曰：夫用兵既众，占地必广，首尾相辽，耳目不接。故设金鼓之声，使之相闻；立旌旗之形使之相见，视听均齐，则虽百万之众，进退如一矣。故曰：『斗众如斗寡，形名是也。』

人既专一，则勇者不得独进，怯者不得独退，此用众之法也。

张预曰：士卒专心一意，惟在于金鼓旗旗之号令。当进则进，当退则退，一有违者必戮。故曰：令不进而进与令不退而退，厥罪惟均。《尉缭子》曰：『鼓鸣旗麾，先登者未尝非多力国士也，将者之过也。』言不可赏先登获俊者，恐进退不一耳。

故夜战多火鼓，昼战多旌旗，所以变人之耳目也。

张预曰：凡与敌战，夜则火鼓不息，昼则旌旗相续，所以变乱敌人之耳目，使不知其所以备我之计。越伐吴，夹水而陈。越为左右句卒，使夜或左或右，鼓噪而进。吴师分以御之，遂为越所败，是惑以火鼓也。晋伐齐，使司马斥山泽之险，虽所不至，必旆而疏陈之。齐侯畏而脱归。是惑以旌旗也。

故三军可夺气。

张预曰：气者，战之所恃也。夫含生禀血，鼓作斗争，虽死不省者，气使然也。故用兵之法，若激其士卒，令上下同怒，则其锋不可当。故敌人新来而气锐，则且以不战挫之，伺其衰倦而后击，故彼之锐气可以夺也。《尉缭子》谓：『气实则斗，气夺则走』者，此之谓也。曹刿言一鼓作气者，谓初来之气盛也；再而衰、三而竭者，谓陈久而人倦也。又李靖曰：『守者，不止完其壁、坚其陈而已，必也守吾气，而有待焉。』所谓守其气者，常养吾之气，使锐盛而不衰，然后彼之气可得而夺也。

将军可夺心。

张预曰：心者，将之所主也。夫治乱勇怯，皆主于心，故善制敌者，挠之而使乱，激之而使惑，迫之而使惧，故彼之心谋可以夺也。《传》曰：『先人有夺人之心。』谓夺其本心之计也。又，李靖曰：『攻者不止攻其城、击其陈而已，必有攻其心之术焉。』所谓攻其心者，常养吾之心，使安闲而不乱，然后彼之心可得而夺也。

是故朝气锐，

昼气惰，

暮气归。

故善用兵者，避其锐气，击其惰归，此治气者也。

张预曰：朝喻始，昼喻中，暮喻末，非以早晚为辞也。凡人之气，初来新至则勇锐，陈久人倦则衰。故善用兵者，当其锐盛，则坚守以避之，待其惰归，则出兵以击之。此所谓善治己之气，以夺人之气者也。前赵将游子远之败伊馀羌，唐武德中太宗之破窦建德，皆用此术。

以治待乱，以静待哗，此治心者也。

张预曰：治以待乱，静以待哗，安以待躁，忍以待忿，严以待懈，此所谓善治己之心以夺人之心者也。

以近待远，以佚待劳，以饱待饥，此治力者也。

张预曰：近以待远，佚以待劳，饱以待饥，诱以待来，重以待轻，此所谓善治己之力以困人之力者也。

无邀正正之旗，勿击堂堂之陈，此治变者也。

张预曰：正正，谓形名齐整也；堂堂，谓行陈广大也。敌人如此，岂可轻战？《军政》曰：『见可而进，知难而退。』又曰：『强而避之。』言须识变通。此所谓善治变化之道，以应敌人者也。

故用兵之法，高陵勿向，背丘勿逆，

张预曰：敌处高为陈，不可仰攻，人马之驰逐，弧矢之施发，皆不便也。故诸葛亮曰：『山陵之战，不仰其高；敌人从高而来，不可迎之，势不顺也。引至平地，然后合战。』

佯北勿从。

张预曰：敌人奔北，必审真伪。若旗鼓齐应，号令如一，纷纷纭纭，虽退走，非败也，必有奇也，不可从之。若旗靡辙乱，人嚣马骇，此真败却也。

锐卒勿攻。

张预曰：敌若乘锐而来，其锋不可当，宜少避之，以伺疲挫。晋楚相持，楚晨压晋军而陈，军吏患之。栾书曰：『楚师轻窕，固垒以待之，三日必退。退而击之，必获胜焉。』又唐太宗征薛仁杲，贼兵锋甚锐，数来挑战。诸将咸请战，太宗曰：『当且闭垒以折之；待其气衰，可一战而破也。』果然。

饵兵勿食。

张预曰：《三略》曰：『香饵之下，必有悬鱼。』言鱼贪饵则为钓者所得，兵贪利则为敌人所败。夫饵兵非止谓置毒于饮食，但以利留敌，皆为饵也。若曹公以畜产饵马超，以辎重饵袁绍，李矩以牛马饵石勒之类，皆是也。

归师勿遏。

张预曰：兵之在外，人人思归，当路邀之，必致死战。韩信曰：『从思东归之士，何所不克？』曹公既破刘表，谓荀彧曰：『虏遏吾归师，吾是以知胜。』又吕弘攻段业，不胜，将东走，业欲击之，或谏曰：『归师勿遏，兵家之戒。不如纵之，以为后图。』业不从，率众追之，为弘所败。古人似此者多，不可悉陈。

围师必阙。

张预曰：围其三面，开其一角，示以生路，使不坚战。后汉朱儁讨贼帅韩忠于宛，急攻不克。因谓军吏曰：『贼今外围周固，所以死战。若我解围，势必自出。出则意散，易破之道也。』果如其言。又曹公围壶关，谓之曰：『城破，皆坑之。』连攻不下。曹仁谓公曰：『夫围城必示之活门，所以开其生路也。今公告之必死，令人自守，非计也。』公从之，遂拔其城是也。

穷寇勿迫。

张预曰：敌若焚舟破釜，来决一战，则不可逼迫，盖兽穷则搏也。晋师败齐于鞍，齐侯请盟，晋人不许。齐侯曰：

『请收合余烬，背城借一。』晋人惧而与之盟。吴夫概王谓困兽犹斗，汉赵充国言缓之则走不顾，急之则还致死，盖亦近之。

第八章　九变篇

一、曹操注《孙子兵法·九变篇》

曹操曰：变其正，得其所用九也。

孙子曰：凡用兵之法，将受命于君，合军聚众。

圮地无舍。

曹操曰：无所依也。水毁曰圮。

衢地交合。

曹操曰：结诸侯也。

绝地无留。

曹操曰：无久止也。

围地则谋。

曹操曰：发奇谋也。

死地则战。

曹操曰：殊死战也。

途有所不由。

曹操曰：隘难之地所不当从；不得已从之，故为变。

军有所不击。

曹操曰：军虽可击，以地险难久，留之失前利，若得之则利薄，困穷之兵，必死战也。

城有所不攻。

曹操曰：城小而固，粮饶，不可攻也。操所以置华费而深入徐州，得十四县也。

地有所不争。
曹操曰：小利之地，方争得而失之，则不争也。
君命有所不受。
曹操曰：苟便于事，不拘于君命也。
故将通于九变之地利者，知用兵矣。
将不通于九变之利者，虽知地形，不能得地之利矣。
治兵不知九变之术，虽知五利，不能得人之用矣。
曹操曰：谓下五事也。九变，一云五变。
是故智者之虑，必杂于利害。
曹操曰：在利思害，在害思利，当难行权也。
杂于利，而务可信也。
曹操曰：计敌不能依五地为我害，所务可信也。
杂于害，而患可解也。
曹操曰：既参于利，则亦计于害，虽有患，可解也。
是故屈诸侯者以害。
曹操曰：害其所恶也。
役诸侯者以业。
曹操曰：业，事也。使其烦劳，若彼入我出，彼出我入也。
趋诸侯者以利。
曹操曰：令自来也。
故用兵之法，无恃其不来，恃吾有以待也。

无恃其不攻，恃吾有所不可攻也。

曹操曰：安不忘危，常设备也。

故将有五危。

必死，可杀也。

曹操曰：勇而无虑，必欲死斗，不可曲挠，可以奇伏中之。

必生，可虏也。

曹操曰：见利畏法不进也。

忿速，可侮也。

曹操曰：疾急之人，可忿怒侮而致之也。

廉洁，可辱也。

曹操曰：廉洁之人，可污辱致之也。

爱民，可烦也。

曹操曰：出其所必趋，爱民者，则必倍道兼行以救之，救之则烦劳也。

凡此五者，将之过也，用兵之灾也。

覆军杀将，必以五危，不可不察也。

二、杜佑注《孙子兵法·九变篇》

孙子曰：凡用兵之法，将受命于君，合军聚众。

圮地无舍。

杜佑曰：择地顿兵，当趋利而避害也。

衢地交合。

绝地无留。

围地则谋。

死地则战。

途有所不由。

杜佑曰：厄难之地，所不当从也。不得已从之，故为变也。

军有所不击。

杜佑曰：军虽可击，以地险难久，留之失前利，若得之利薄也。穷困之卒，隘陷之军，不可攻，为死战也；当固守之，以待隙也。

城有所不攻。

地有所不争。

君命有所不受。

故将通于九变之地利者，知用兵矣。

杜佑曰：九事之变，皆临时制宜，不由常道，故言变也。

将不通于九变之利者，虽知地形，不能得地之利矣。

治兵不知九变之术，虽知五利，不能得人之用矣。

是故智者之虑，必杂于利害。

杂于利，而务可信也。

杂于害，而患可解也。

是故屈诸侯者以害。

役诸侯者以业。

趋诸侯者以利。

故用兵之法，无恃其不来，恃吾有以待也。

无恃其不攻，恃吾有所不可攻也。

杜佑曰：安则思危，存则思亡，常有备。

故将有五危。

必死，可杀也。

必生，可虏也。

忿速，可侮也。

杜佑曰：急疾之人，可忿怒而致死。忿速易怒者，狷戆疾急，不计其难，可动作欺侮。

廉洁，可辱也。

爱民，可烦也。

凡此五者，将之过也，用兵之灾也。

覆军杀将，必以五危，不可不察也。

三、李筌注《孙子兵法·九变篇》

孙子曰：凡用兵之法，将受命于君，合军聚众。

圮地无舍。

李筌曰：地下曰圮，行必水淹也。

衢地交合。

李筌曰：四通曰衢，结诸侯之交地也。

绝地无留。

李筌曰：地无泉井、畜牧、采（来）樵之处为绝地，不可留也。

围地则谋。

李筌曰：因地能通。

死地则战。

李筌曰：置兵于必死之地，人自为私斗。韩信破赵，此是也。

途有所不由。

李筌曰：道有险狭，惧其邀伏，不可由也。

军有所不击。

城有所不攻。

地有所不争。

君命有所不受。

李筌曰：苟便于事，不拘君命。穰苴斩庄贾，魏绛戮杨干是也。

故将通于九变之地利者，知用兵矣。

李筌曰：谓上之九事也。

将不通于九变之利者，虽知地形，不能得地之利矣。

治兵不知九变之术，虽知五利，不能得人之用矣。

是故智者之虑，必杂于利害。

李筌曰：害彼利此之虑。

杂于利，而务可信也。

杂于害，而患可解也。

李筌曰：智者为利害之事，必合于道，不至于极。

是故屈诸侯者以害。

李筌曰：害其政也。

役诸侯者以业。

李筌曰：烦其农也。

趋诸侯者以利。

李筌曰：诱之以利。

故用兵之法，无恃其不来，恃吾有以待也。

无恃其不攻，恃吾有所不可攻也。

李筌曰：预备不可阙也。

故将有五危。

李筌曰：下五事也。

必死，可杀也。

李筌曰：勇而无谋也。

必生，可虏也。

李筌曰：疑怯可虏也。

忿速，可侮也。

李筌曰：急疾之人，性刚而可侮致也。太宗杀宋老生而平霍邑。

廉洁，可辱也。

李筌曰：矜疾之人可辱也。

爱民，可烦也。

李筌曰：攻其所爱，必卷甲而救爱，其人乃可以计疲。

凡此五者，将之过也，用兵之灾也。

覆军杀将，必以五危，不可不察也。

四、杜牧注《孙子兵法·九变篇》

孙子曰：凡用兵之法，将受命于君，合军聚众。

圮地无舍。

衢地交合。

绝地无留。

围地则谋。

死地则战。

途有所不由。

杜牧曰：后汉光武遣将军马援、耿舒讨武陵五溪蛮，军次下隽，今辰州也。有两道可入，从壶头则路近而水险，从充道则路夷而运远。帝初以为疑。及军至，耿舒欲从充道，援以为弃日费粮，不如进壶头，扼其咽喉，则贼自破。以事上之帝，从援策，乃进营壶头。贼乘高守隘，水疾，船不得上。会暑湿，士卒多疫死，援亦中病卒。耿舒与兄好畤侯书曰：『舒前上言，当先击充，粮虽难运而兵马得用；军人数万，争欲先奋。今壶头竟不得进，大众怫郁行死，诚可痛惜』！

军有所不击。

杜牧曰：盖以锐卒勿攻，归师勿遏，穷寇勿追，殆地不可攻。或我强敌弱，敌前军先至，亦不可击，恐惊之退走也。言有如此之军，皆不可击。斯统言为将须知有此不可击之军，即须不击，益为知变也。故列于《九变篇》中。

城有所不攻。

杜牧曰：操舍华费不攻，故能兵力完全，深入徐州，得十四县也。盖言敌于要害之地，深峻城隍，多积粮食，欲留我师；若攻拔之，未足为利；不拔，则挫我兵势，故不可攻也。宋顺帝时，荆州守沈攸之反。素蓄士马，资用丰积，战士十万，甲马二千。军至郢城，功曹臧寅以为：攻守异势，非旬日所拔，若不时举，挫锐损威。今顺流长驱，计日可捷。既倾根本，则郢城岂能自固？故兵法曰『城有所不攻』是也。攸之不从。郢郡守柳世隆拒攸之。攸之尽锐攻之，不克，众溃走，入林自缢。后周武帝欲出兵于河阳以伐齐，吏部宇文弢进曰：『今用兵须择地。河阳要冲，精兵所聚，尽力攻之，恐难得志。如臣所见，彼汾之曲，戍小山平，攻之易拔，用武之地，莫过于此。』帝不纳。师竟无功。复大举伐齐，率用弢计以灭齐。国家自元和三年至于今三十年间，凡四攻冠，魏薄攻寇之南宫县，上党攻寇之临城县，太原攻寇之河星镇。是寇三城池浚壁坚，刍粟米石金炭麻膏，凡城守之资，常为不可胜之计以备。官军击虏，攻既不拔，兵顿力疲，寇以劲兵来救，故百战百败。故三十年间，困天下之功力，攻数万之寇，四围其境，通计十岁，竟无尺寸之功者，盖常堕寇计中，不能知变也。

地有所不争。

杜牧曰：言得之难守，失之无害。伍子胥谏夫差曰：『今我伐齐，获其地，犹石田也。』东晋陶侃镇武昌，议者以武昌北岸有邾城，宜分兵镇之，侃每不答，而言者不已。侃乃渡水猎，引诸将佐语之曰：『我所以设险而御寇，正以长江耳。邾城隔在江北，内无所倚，外接群夷；夷中利深，晋人贪利，夷不堪命，必引寇虏。乃致祸之由，非御寇也。且今纵有兵守之，亦无益于江南；若羯虏有可乘之会，此又非所资也。』后庾亮戍之，果大败也。

君命有所不受。

杜牧曰：《尉缭子》曰：『兵者，凶器也。争者，逆德也。将者，死官也。无天于上，无地于下，无敌于前，无主于后。』

故将通于九变之地利者，知用兵矣。

将不通于九变之利者，虽知地形，不能得地之利矣。

治兵不知九变之术，虽知五利，不能得人之用矣。

是故智者之虑，必杂于利害。

杂于利，而务可信也。

杜牧曰：信，申也。言我欲取利于敌人，不可但见取敌人之利，先须以敌人害我之事参杂而计量之，然后我所务之利乃可申行也。

杂于害，而患可解也。

杜牧曰：我欲解敌人之患，不可但见敌能害我之事，亦须先以我能取敌人之利，参杂而计量之，然后有患乃可解释也。故上文云『智者之虑，必杂于利害』也。譬如敌人围我，我若但知突围而去，志必懈怠，即必为追击；未若励士奋击，因战胜之利，以解围也。举一可知也。

是故屈诸侯者以害。

杜牧曰：恶，音一路反。言敌人苟有其所恶之事，我能乘而害之，不失其机，则能屈敌也。

役诸侯者以业。

杜牧曰：言劳役敌人，使不得休，我须先有事业，乃可为也。事业者，兵众、国富、人和、令行也。能以事劳役诸侯之人，令不得安佚。韩人令秦凿渠之类是也。或以奇技艺业，淫巧功能，令其耽之，心目内役，诸侯若此而劳。

趋诸侯者以利。

杜牧曰：言以利诱之，使自来至我也，堕吾画中。

故用兵之法，无恃其不来，恃吾有以待也。

无恃其不攻，恃吾有所不可攻也。

故将有五危。

必死，可杀也。

杜牧曰：将愚而勇者，患也。黄石公曰：『勇者好行其志，愚者不顾其死。』《吴子》曰：『凡人之论将，常观于勇。勇之于将，乃数分之一耳。夫勇者必轻合，轻合而不知利，未可将也。』

必生，可虏也。

杜牧曰：晋将刘裕溯江追桓玄，战于峥嵘洲。于时义军数千，去兵甚盛；而玄惧有败衄，常漾轻舸于舫侧，故其众莫有斗心。义军乘风纵火，尽锐争先，玄众是以大败也。

忿速，可侮也。

杜牧曰：忿者，刚怒也；速者，褊急也；性不厚重也。若敌人如此，可以凌侮，使之轻进而败之也。十六国姚襄攻黄落，前秦苻生遣苻黄眉、邓羌讨之。襄深沟高垒，固守不战。邓羌说黄眉曰：『襄性刚狠，易以刚动。若长驱鼓行，直压其垒，必忿而出师，可一战而擒也。』黄眉从之。襄怒，出战，黄眉等斩之。

廉洁，可辱也。

杜牧曰：此言敌人若高壁固垒，欲劳我师，我势不可留，利在速战，揣知其将多忿急，则轻侮而致之；性本廉洁，则污辱之。如诸葛孔明遗司马仲达以巾帼，欲使怒而出战；仲达忿怒欲济师，魏帝遣辛毗杖节以止之。仲达之才，犹不胜其忿，况常才之人乎！

爱民，可烦也。

杜牧曰：言仁者爱人者，惟恐杀伤，不能舍短从长，弃彼取此，不度远近，不量事力，凡为我攻，则必来救。如此，可以烦之，令其劳顿，而后取之也。

凡此五者，将之过也，用兵之灾也。

覆军杀将，必以五危，不可不察也。

五、陈皞注《孙子兵法·九变篇》

孙子曰：凡用兵之法，将受命于君，合军聚众。

圮地无舍。

陈皞曰：圮，低下也，孔明谓之地狱。狱者，中下四面高也。

衢地交合。

绝地无留。

围地则谋。

死地则战。

途有所不由。

军有所不击。

陈皞曰：见小利不能倾敌，则勿击之，恐重劳人也。

城有所不攻。

地有所不争。

君命有所不受。

故将通于九变之地利者，知用兵矣。

将不通于九变之利者，虽知地形，不能得地之利矣。

治兵不知九变之术，虽知五利，不能得人之用矣。

是故智者之虑，必杂于利害。

杂于利，而务可信也。

杂于害，而患可解也。

是故屈诸侯者以害。

役诸侯者以业。

趋诸侯者以利。

故用兵之法，无恃其不来，恃吾有以待也。

无恃其不攻，恃吾有所不可攻也。

故将有五危。

必死，可杀也。

必生，可虏也。

忿速，可侮也。

廉洁，可辱也。

爱民，可烦也。

陈皞曰：兵有须救不必救者，项羽救赵，此须救也；亚父委梁，不必救也。

凡此五者，将之过也，用兵之灾也。

陈皞曰：良将则不然。不必死、不必生，随事而用；不忿速、不耻辱，见可如虎，否则闭门；动静以计，不可喜怒也。

覆军杀将，必以五危，不可不察也。

六、贾林注《孙子兵法·九变篇》

孙子曰：凡用兵之法，将受命于君，合军聚众。

圮地无舍。

衢地交合。

贾林曰：结诸侯以为援。

绝地无留。

贾林曰：溪谷坎险，前无通路曰『绝』，当速去无留。

围地则谋。

贾林曰：居四险之中曰『围地』。敌可往来，我难出入，居此地者，可预设奇谋，使敌不为我患，乃可济也。

死地则战。

途有所不由。

贾林曰：由，从也。途且不利，虽近不从。

军有所不出。

贾林曰：军可威怀，势将降伏则不击；寇穷据险，击则死战，可自固守待其心惰取之。

城有所不攻。

贾林曰：臣忠义重禀命坚守者，亦不可攻也。

地有所不争。

君命有所不受。

贾林曰：决必胜之机，不可推于君命；苟利社稷，专之可也。

故将通于九变之地利者，知用兵矣。

贾林曰：九变，上九事将帅之任机权，遇势则变，因利则制，不拘常道，然后得其通变之利。变之则九，数之则十，故君命不在常变例也。

将不通于九变之利者，虽知地形，不能得地之利矣。

贾林曰：虽知地形，心无通变，岂惟不得其利，亦恐反受害也。将贵适变也。

治兵不知九变之术，虽知五利，不能得人之用矣。

贾林曰：五利五变，亦在九变之中。遇势能变则利，不变则害，在人，故无常体，能尽此理，乃得人之用也。五变谓：途虽近，知有险阻、奇伏之变而不由；军虽可击，知有穷蹙、死斗之变而不击；城虽势孤可攻，知有粮充、兵锐、将智、臣忠不测之变而不攻；地虽可争，知得之难守、得之无利、有反夺伤人之变而不争；君命虽宜从之，知有内御不利之害而不受。此五变者，临时制宜，不可预定。贪五利者：途近则由，军势孤则击，城势危则攻，地可取则争，军可用则受命。贪此五利，不知其变，岂惟不得人用，抑亦败军伤士也。

是故智者之虑，必杂于利害。

贾林曰：杂一为亲，一为难。言利害相参杂，智者能虑之、慎之，乃得其利也。

杂于利，而务可信也。

贾林曰：在利之时，则思害以自慎。一云：以害杂利行之，威令以临之，刑法以戮之，已不二三，则众务皆信，人不敢欺也。

杂于害，而患可解也。

贾林曰：在害之时，则思利而免害，故措之死地则生，投之亡地则存，是其患解也。

是故屈诸侯者以害。

贾林曰：为害之计，理非一途：或诱其贤智，令彼无臣；或遗以奸人，破其政令；或为巧诈，间其君臣；或遗工巧，使其人疲财耗；或馈淫乐，变其风俗；或与美人，惑乱其心。此数事，若能潜运阴谋，密行不泄，皆能害人，使之屈折也。

役诸侯者以业。

趋诸侯者以利。

故用兵之法，无恃其不来，恃吾有以待也。

无恃其不攻，恃吾有所不可攻也。

故将有五危。

必死，可杀也。

必生，可虏也。

忿速，可侮也。

廉洁，可辱也。

爱民，可烦也。

贾林曰：廉洁之人，不好侵掠；爱人之仁，不好斗战。辱而烦之，其动必败。

凡此五者，将之过也，用兵之灾也。

覆军杀将，必以五危，不可不察也。

贾林曰：此五种之人，不可任为大将，用兵必败也。

七、孟氏注《孙子兵法·九变篇》

孙子曰：凡用兵之法，将受命于君，合军聚众。

圮地无舍。

孟氏曰：太下则为敌所因。

衢地交合。

绝地无留。

围地则谋。

死地则战。

途有所不由。

军有所不击。

城有所不攻。

地有所不争。

君命有所不受。

孟氏曰：无敌于前，无君于后，阃外之事，将军制之。

故将通于九变之地利者，知用兵矣。

将不通于九变之利者，虽知地形，不能得地之利矣。

治兵不知九变之术，虽知五利，不能得人之用矣。

是故智者之虑，必杂于利害。

杂于利，而务可信也。

杂于害，而患可解也。

是故屈诸侯者以害。

役诸侯者以业。

趋诸侯者以利。

孟氏曰：趋，速也。善示以利，令忘变而速至，我作变以制之。亦谓得人之用也。

故用兵之法，无恃其不来，恃吾有以待也。

无恃其不攻，恃吾有所不可攻也。

故将有五危。

必死，可杀也。

必生，可虏也。

孟氏曰：将之怯弱，志必生返意，不亲战，士卒不精，上下犹豫，可急击而取之。《新训》曰：『为将怯懦，见利而不能进。』《太公》曰：『失利后时，反受其殃。』

忿速，可侮也。

廉洁，可辱也。

爱民，可烦也。

凡此五者，将之过也，用兵之灾也。

覆军杀将，必以五危，不可不察也。

八、梅尧臣注《孙子兵法·九变篇》

孙子曰：凡用兵之法，将受命于君，合军聚众。

圮地无舍。

梅尧臣曰：山林、险阻、沮泽之地，不可舍止，无所依也。

衢地交合。

梅尧臣曰：夫四通之地，与旁国相通，当结其交也。

绝地无留。

梅尧臣曰：始去国，始出境，犹不居轻地，是不可久留也。

围地则谋。

梅尧臣曰：往返险迂，当出奇谋。

死地则战。

梅尧臣曰：前后有碍，决在死战。此而上举九地之大约也。

途有所不由。

梅尧臣曰：避其险厄也。

军有所不击。

梅尧臣曰：往无利也。

城有所不攻。

梅尧臣曰：有所害也。

地有所不争。

梅尧臣曰：得之无益者。

君命有所不受。

梅尧臣曰：从宜而行也。此而上五利也。

故将通于九变之地利者，知用兵矣。

梅尧臣曰：达九地之势，变而为利也。

将不通于九变之利者，虽知地形，不能得地之利矣。

梅尧臣曰：知地不知变，安得地之利？

治兵不知九变之术，虽知五利，不能得人之用矣。

梅尧臣曰：知利不知变，安得人而用？

是故智者之虑，必杂于利害。

梅尧臣曰：在利思害，在害思利，当难行权也。

杂于利，而务可信也。

梅尧臣曰：以害参利，则事可行。

杂于害，而患可解也。

梅尧臣曰：以利参害，则祸可脱。

是故屈诸侯者以害。

梅尧臣曰：制之以害则屈也。

役诸侯者以业。

梅尧臣曰：挠之以事则劳。

趋诸侯者以利。

梅尧臣曰：言以利诱之，使自来至我也，堕吾画中。

故用兵之法，无恃其不来，恃吾有以待也。

梅尧臣曰：所恃者，不懈也。

无恃其不攻，恃吾有所不可攻也。

梅尧臣曰：所赖者，有备也。

故将有五危。

必死，可杀也。

梅尧臣曰：勇而无谋也。

必生，可虏也。

梅尧臣曰：怯而不果。

忿速，可侮也。

梅尧臣曰：狷急易动。

廉洁，可辱也。

梅尧臣曰：徇名不顾。

爱民，可烦也。

梅尧臣曰：力疲则困。

凡此五者，将之过也，用兵之灾也。

梅尧臣曰：皆将之失，为兵之凶。

覆军杀将，必以五危，不可不察也。

梅尧臣曰：当慎重焉。

九、王皙注《孙子兵法·九变篇》

王皙曰：皙谓九者数之极，用兵之法，当极其变耳。逸诗云：『九变复贯。』不知曹公谓何为九。或曰：九地之变也。

孙子曰：凡用兵之法，将受命于君，合军聚众。

圮地无舍。

王皙曰：无所依也。水毁曰圮。

衢地交合。

王皙曰：结诸侯也。

绝地无留。

王皙曰：无久止也。

围地则谋。

王皙曰：发奇谋也。

死地则战。

王皙曰：殊死战也。

途有所不由。

王皙曰：途虽可从，而有所不从，虑奇伏也。若赵涉说周亚夫，避崤渑厄陿之间，虑置伏兵；请走蓝田，出武关，抵洛阳，间不过差一二日是也。

军有所不出。

王皙曰：曹公曰：『军虽可击，以地险难久，留之失前利，若得之则利薄。』皙谓饵兵锐卒，正正之旗，堂堂之陈，亦是也。

城有所不攻。

王皙曰：城非控要，虽可攻，然惧于钝兵挫锐；或非坚实，而得士死力；又克虽有期，而救兵至，吾虽得之，利不胜其所害也。

地有所不争。

王皙曰：谓地虽要害，敌已据之；或得之无所用，若难守者。

君命有所不受。

故将通于九变之地利者，知用兵矣。

王皙曰：非贤智不能尽事理之变也。

将不通于九变之利者，虽知地形，不能得地之利矣。

治兵不知九变之术，虽知五利，不能得人之用矣。

王皙曰：虽知五地之利，不通其变，如胶柱鼓瑟耳。

是故智者之虑，必杂于利害。

王晳曰：将通九变，则利害尽矣。

杂于利，而务可信也。

王晳曰：曲尽其利，则可胜矣。

杂于害，而患可解也。

王晳曰：周知其害，则不败矣。

是故屈诸侯者以害。

王晳曰：穷屈于必害之地，勿使可解也。

役诸侯者以业。

王晳曰：常若为攻袭之业，以弊敌也。田常曰：『吾兵业已加鲁矣。』

趋诸侯者以利。

王晳曰：趋敌之间当周旋，我利也。

故用兵之法，无恃其不来，恃吾有以待也。

无恃其不攻，恃吾有所不可攻也。

王晳曰：备者实也。

故将有五危。

必死，可杀也。

必生，可虏也。

王晳曰：无斗志。曹公曰：『见利怯不进也。』晳谓见害亦轻走矣。

忿速，可侮也。

王晳曰：将性贵持重，忿狷则易挠。

廉洁，可辱也。

王皙曰：廉洁之人，可污辱致之也。

爱民，可烦也。

王皙曰：以奇兵若将攻城邑者，彼爱民，必数救，则烦劳也。

凡此五者，将之过也，用兵之灾也。

覆军杀将，必以五危，不可不察也。

十、何延锡注《孙子兵法·九变篇》

孙子曰：凡用兵之法，将受命于君，合军聚众。

圮地无舍。

何氏曰：下篇言『圮地则吾将进其涂』，谓少固之地宜速去之也。

衢地交合。

何氏曰：下篇云『衢地吾将固其结』，言交结诸侯使牢固也。

绝地无留。

围地则谋。

何氏曰：下篇亦云『围地则谋』。言在艰险之地，与敌相持须用奇险诡谲之谋，不至于害也。

死地则战。

何氏曰：下篇亦云『死地则战』者，此地速为死战则生；若缓而不战，气衰粮绝，不死何待也！

途有所不由。

军有所不击。

城有所不攻。

地有所不争。

君命有所不受。

故将通于九变之地利者，知用兵矣。

何氏曰：孙子以《九变》名篇，解者十有余家，皆不条其九变之目者，何也？盖自『圮地无舍』而下，至『君命有所不受』，其数十矣，使人不得不惑。愚熟观文意，上下止述其地之利害尔，且十事之中『君命有所不受』且非地事，昭然不类矣。盖孙子之意，言凡受命之将合聚军众，如经此九地，有害而无利，则当变之，虽君命使之舍、留、攻、争亦不受也。况下文言『将不通于九变之利者，虽知地形，不能得地之利矣』。其君命岂得与地形而同算也？况下之《地形篇》云：『战道必胜，主曰无战，必战可也。战道不胜，主曰必战，无战可也。』厥旨尽在此矣。

将不通于九变之利者，虽知地形，不能得地之利矣。

治兵不知九变之术，虽知五利，不能得人之用矣。

是故智者之虑，必杂于利害。

杂于利，而务可信也。

杂于害，而患可解也。

何氏曰：利害相生，明者常虑。

是故屈诸侯者以害。

役诸侯者以业。

趋诸侯者以利。

故用兵之法，无恃其不来，恃吾有以待也。

无恃其不攻，恃吾有所不可攻也。

何氏曰：《吴略》曰：『君子当安平之世，刀剑不离身。』古诸侯相见，兵卫不撤警，盖虽有文事，必有武备；况守边固圉，交刃之际欤？凡兵所以胜者，谓击其空虚，袭其懈怠，苟严整终事，则敌人不至。《传》曰：『不备不虞，不可以师。』昔晋人御秦，深垒固军以待之，秦师不能久。楚为陈，而吴人至，见有备而返。程不识将屯，正部曲、行伍、营陈，击刁斗，吏治军簿，虏不得犯。朱然为军师，虽世无事，每朝夕严鼓兵，在营者咸行装就队，使敌不知所备，故出辄有功。是谓能外御其侮者乎！常能居安思危，在治思乱，戒之于无形，防之于未然，斯善之善者也。其次莫如险其走集，明其伍候，慎固其封守，缮完其沟隍，或多调军食，或益修战械。故曰：物不素具，不可以应卒。又曰：惟事事乃其有备，有备无患。常使徒劳我佚、彼老我壮，亦可谓先人有夺人之心、不战而屈人之师也。若夫莒以恃陋而溃，齐以狎敌而歼，虢以易晋而亡，鲁以果邾而败，莫敖小罗而无次，吴子入巢而自轻，斯皆可以作鉴也。故吾有以待、吾有所不可攻者，能豫备之之谓也。

故将有五危。

必死，可杀也。

何氏曰：《司马法》曰：『上死不胜。』言贵其谋胜也。

必生，可虏也。

何氏曰：《司马法》曰：『上生多疑。』疑为大患也。

忿速，可侮也。

廉洁，可辱也。

爱民，可烦也。

凡此五者，将之过也，用兵之灾也。

何氏曰：将材古今难之，其性往往失于一偏尔。故孙子首篇言『将者，智、信、仁、勇、严』，贵其全也。

覆军杀将，必以五危，不可不察也。

第九章　行军篇

一、曹操注《孙子兵法·行军篇》

曹操曰：择便利而行也。

孙子曰：凡处军、相敌。

绝山依谷。

曹操曰：近水草利便也。

视生处高。

曹操曰：生者，阳也。

战隆无登。

曹操曰：无迎高也。

此处山之军也。

绝水必远水。

曹操曰：引敌使渡。

客绝水而来，勿迎之于水内，令半济而击之，利。

欲战者，无附于水而迎客。

曹操曰：附，近也。

视生处高。

曹操曰：水上亦当处其高也。前向水，后当依高而处之。

无迎水流。

曹操曰：恐溉我也。

此处水上之军也。

绝斥泽，惟亟去无留。

若交军于斥泽之中，必依水草而背众树。

曹操曰：不得已与敌会于斥泽中。

此处斥泽之军也。

平陆处易。

曹操曰：车骑之利也。

而右背高，前死后生。

曹操曰：战便也。

此处平陆之军也。

凡此四军之利。

黄帝之所以胜四帝也。

曹操曰：黄帝始立，四方诸侯无不称帝，以此四地胜之也。

凡军好高而恶下。

贵阳而贱阴。

养生而处实。

曹操曰：恃满实也。养生向水草，可放牧养畜乘。实，犹高也。

军无百疾，是谓必胜。

丘陵堤防，必处其阳而右背之。

此兵之利，地之助也。

上雨，水沫至，欲涉者，待其定也。

曹操曰：恐半涉而水遽涨也。

凡地有绝涧。

天井。

天牢。

天罗。

天陷。

天隙。

必亟去之，勿近也。

曹操曰：山深水大者为绝涧；四方高、中央下为天井；深山所过若蒙笼者为天牢；可以罗绝人者为天罗；地形陷者为天陷；山涧道迫狭、地形深数尺、长数丈者为天隙。

吾远之，敌近之；吾迎之，敌背之。

曹操曰：用兵常远六害，今敌背之，则我利敌凶。

军行有险阻、潢井、葭苇、山林、蘙荟者，必谨覆索之，此伏奸之所处也。

曹操曰：险者，一高一下之地；阻者，多水也；潢者，池也；井者，下也；葭苇者，众草所聚；山林者，众木所居也；蘙荟者，可屏蔽之处也。此以上论地形也。以下相敌情也。

敌近而静者，恃其险也。

远而挑战者，欲人之进也。

其所居易者，利也。

曹操曰：所居利也。

众树动者，来也。

曹操曰：斩伐树木，除道进来，故动。

众草多障者，疑也。

曹操曰：结草为障，欲使我疑也。

鸟起者，伏也。

曹操曰：鸟起其上，下有伏兵。

兽骇者，覆也。

曹操曰：敌广陈张翼，来覆我也。

尘高而锐者，车来也。

卑而广者，徒来也。

散而条达者，樵采也。

少而往来者，营军也。

辞卑而益备者，进也。

曹操曰：其使来卑辞，使间视之，敌人增备也。

辞强而进驱者，退也。

曹操曰：诡诈也。

轻车先出居其侧者，陈也。

曹操曰：陈兵欲战也。

无约而请和者，谋也。

奔走而陈兵车者，期也。

半进半退者，诱也。

杖而立者，饥也。

汲而先饮者，渴也。

见利而不进者，劳也。
曹操曰：士卒之疲劳也。
鸟集者，虚也。
夜呼者，恐也。
曹操曰：军士夜呼，将不勇也。
军扰者，将不重也。
旌旗动者，乱也。
吏怒者，倦也。
粟马肉食，军无悬缻，不返其舍者，穷寇也。
谆谆翕翕，徐与人言者，失众也。
曹操曰：谆谆，语貌；翕翕，失志貌。
数赏者，窘也。
数罚者，困也。
先暴而后畏其众者，不精之至也。
曹操曰：先轻敌，后闻其众，则心恶之也。
来委谢者，欲休息也。
兵怒而相迎，久而不合，又不相去，必谨察之。
曹操曰：备奇伏也。
兵非益多也。
曹操曰：权力均。一云，兵非贵益多。
惟无武进。

曹操曰：未见便也。

足以并力、料敌、取人而已。

曹操曰：厮养足也。

夫惟无虑而易敌者，必擒于人。

卒未亲附而罚之，则不服，不服则难用也。

卒已亲附而罚不行，则不可用也。

曹操曰：恩信已洽，若无刑罚，则骄惰难用也。

故令之以文，齐之以武。

曹操曰：文，仁也；武，法也。

是谓必取。

令素行，以教其民，则民服。

令不素行，以教其民，则民不服。

令素行者，与众相得也。

二、杜佑注《孙子兵法·行军篇》

孙子曰：凡处军、相敌。

绝山依谷。

视生处高。

杜佑曰：高，阳也。视谓目前生地，处军当在高。

战隆无登。

杜佑曰：无迎高也，谓山下也。战于山下，敌引之上山，无登逐也。

此处山之军也。

绝水必远水。

客绝水而来，勿迎之于水内，令半济而击之，利。

欲战者，无附于水而迎客。

杜佑曰：附，近也。近水待敌，不得渡也。

视生处高。

无迎水流。

此处水上之军也。

绝斥泽，惟亟去无留。

若交军于斥泽之中，必依水草而背众树。

杜佑曰：一本作背众木。言不得已与敌战而会斥泽之中，当背稠树以为固守，盖地利，兵之助也。

此处斥泽之军也。

平陆处易。

而右背高，前死后生。

此处平陆之军也。

凡此四军之利。

黄帝之所以胜四帝也。

凡军好高而恶下。

贵阳而贱阴。

养生而处实。

军无百疾，是谓必胜。

丘陵堤防，必处其阳而右背之。

此兵之利，地之助也。

上雨，水沫至，欲涉者，待其定也。

杜佑曰：恐半渡水而遂涨。上雨，水当清，而反浊沫至，此敌人权遏水之占也，欲以中绝军。凡地有水欲涨，沫先至，皆为绝军，当待其定也。

凡地有绝涧。

天井。

天牢。

天罗。

天陷。

天隙。

必亟去之，勿近也。

吾远之，敌近之；吾迎之，敌背之。

军行有险阻、潢井、葭苇、山林、翳荟者，必谨覆索之，此伏奸之所处也。

敌近而静者，恃其险也。

远而挑战者，欲人之进也。

其所居易者，利也。

众树动者，来也。

众草多障者，疑也。

杜佑曰：结草多障，欲使我度稠草中。多障蔽者，敌必避去，恐追及，多作障蔽使人疑有伏焉。

鸟起者，伏也。

杜佑曰：下有伏兵往藏，触鸟而惊起也。

兽骇者，覆也。

尘高而锐者，车来也。

杜佑曰：车马行疾，尘相冲，故高也。

卑而广者，徒来也。

散而条达者，樵采也。

少而往来者，营军也。

辞卑而益备者，进也。

辞强而进驱者，退也。

杜佑曰：诡诈驱驰，示无所畏，是知欲退也。

轻车先出居其侧者，陈也。

无约而请和者，谋也。

杜佑曰：未有要约而便来请和，有间谋也。

奔走而陈兵车者，期也。

半进半退者，诱也。

杖而立者，饥也。

杜佑曰：倚仗矛戟而立者，饥之意。

汲而先饮者，渴也。

见利而不进者，劳也。

杜佑曰：士疲倦也。敌人来见我利而不能击进者，疲劳也。

鸟集者，虚也。

杜佑曰：敌大作营垒示我众；而鸟集止，其中者虚也。

夜呼者，恐也。
军扰者，将不重也。
旌旗动者，乱也。
杜佑曰：旌旗谬动，抵东触西倾倚者乱也。
吏怒者，倦也。
粟马肉食，军无悬缻，不返其舍者，穷寇也。
谆谆翕翕，徐与人言者，失众也。
数赏者，窘也。
数罚者，困也。
先暴而后畏其众者，不精之至也。
来委谢者，欲休息也。
杜佑曰：战未相伏而下意气相委谢者，欲休息也。
兵怒而相迎，久而不合，又不相去，必谨察之。
兵非益多也。
惟无武进。
足以并力、料敌、取人而已。
夫惟无虑而易敌者，必擒于人。
卒未亲附而罚之，则不服，不服则难用也。
卒已亲附而罚不行，则不可用也。
故令之以文，齐之以武。
是谓必取。

令素行，以教其民，则民服。
令不素行，以教其民，则民不服。
令素行者，与众相得也。

三、李筌注《孙子兵法·行军篇》

孙子曰：凡处军、相敌。
绝山依谷。
李筌曰：军，我；敌，彼也。相其依止，则胜败之数、彼我之势可知也。绝山，守险也。谷近水草。夫列营垒，必先分卒守隘，纵畜牧、收樵采而后宁。
视生处高。
李筌曰：向阳曰生，在山曰高。生、高之地可居也。
战隆无登。
李筌曰：敌自高而下，我无登而取之。
此处山之军也。
绝水必远水。
李筌曰：引敌使渡。
客绝水而来，勿迎之于水内，令半济而击之，利。
李筌曰：韩信杀龙且于潍水，夫概败楚子于清发是也。
欲战者，无附于水而迎客。
李筌曰：附水迎客，敌必不得渡而与我战。
视生处高。
无迎水流。

李筌曰：恐溉我也。智伯灌赵襄子，光武溃王寻，迎水处高乃败之。

此处水上之军也。

绝斥泽，惟亟去无留。

若交军于斥泽之中，必依水草而背众树。

李筌曰：急过不得，战必依水背树。夫有水树，其地无陷溺也。

此处斥泽之军也。

平陆处易。

而右背高，前死后生。

李筌曰：夫人利用，皆便于右，是以背之。前死，致敌之地；后生，我自处。

此处平陆之军也。

凡此四军之利。

李筌曰：四者：山、水、斥泽、平陆也。

黄帝之所以胜四帝也。

李筌曰：黄帝始受兵法于风后，而灭四方，故曰胜四帝也。

凡军好高而恶下。

贵阳而贱阴。

养生而处实。

军无百疾，是谓必胜。

李筌曰：夫人处卑下必疠疾，惟高阳之地可居也。

丘陵堤防，必处其阳而右背之。

此兵之利，地之助也。

上雨，水沫至，欲涉者，待其定也。
李筌曰：恐水暴涨。
凡地有绝涧、天井、天牢、天罗、天陷、天隙。
必亟去之，勿近也。
吾远之，敌近之；吾迎之，敌背之。
李筌曰：善用兵者，致敌之受害之地也。
军行有险阻、潢井、葭苇、山林、翳荟者，必谨覆索之，此伏奸之所处也。
李筌曰：以下恐敌之奇伏诱诈也。
敌近而静者，恃其险也。
远而挑战者，欲人之进也。
其所居易者，利也。
李筌曰：居易之地，致人之利。
众树动者，来也。
众草多障者，疑也。
鸟起者，伏也。
李筌曰：藏兵曰伏。
兽骇者，覆也。
李筌曰：不意而至曰覆。
尘高而锐者，车来也。
卑而广者，徒来也。
散而条达者，樵采也。

李筌曰：烟尘之候。晋师伐齐，曳柴从之。齐人登山，望而畏其众，乃夜遁。『薪来』即其义也。此筌以『樵采』二字为『薪来』字。

少而往来者，营军也。

辞卑而益备者，进也。

辞强而进驱者，退也。

轻车先出居其侧者，陈也。

无约而请和者，谋也。

李筌曰：无质盟之约请和者，必有谋于人。田单诈骑劫，纪信诳项羽，即其义也。

奔走而陈兵车者，期也。

李筌曰：战有期及将用，是以奔走之。

半进半退者，诱也。

李筌曰：散于前。

杖而立者，饥也。

李筌曰：困不能齐。

汲而先饮者，渴也。

李筌曰：汲未至先饮者，士卒之渴。

见利而不进者，劳也。

李筌曰：士卒难用也。

鸟集者，虚也。

李筌曰：城上有鸟，师其遁也。

夜呼者，恐也。

李筌曰：士卒怯而将懦，故惊恐相呼。
军扰者，将不重也。
李筌曰：将无威重则军扰。
旌旗动者，乱也。
吏怒者，倦也。
粟马肉食，军无悬缻，不返其舍者，穷寇也。
李筌曰：杀其马而食肉，故曰军无粮也。不返舍者，穷迫不及灶也。
谆谆翕翕，徐与人言者，失众也。
李筌曰：谆谆翕翕，窃语貌。士卒之心恐上，则私语而言，是失众也。
数赏者，窘也。
李筌曰：窘则数赏以劝进。
数罚者，困也。
李筌曰：困则数罚以励士。
先暴而后畏其众者，不精之至也。
李筌曰：先轻后畏，是勇而无刚者，不精之甚也。
来委谢者，欲休息也。
李筌曰：徐前而疾后曰委谢。
兵怒而相迎，久而不合，又不相去，必谨察之。
李筌曰：是军必有奇伏，须谨察之。
兵非益多也。
惟无武进。

足以并力、料敌，取人而已。

李筌曰：兵众武，用力均，惟得人者胜也。

夫惟无虑而易敌者，必擒于人。

卒未亲附而罚之，则不服，不服则难用也。

卒已亲附而罚不行，则不可用也。

故令之以文，齐之以武。

李筌曰：文，仁恩；武，威罚。

是谓必取。

令素行，以教其民，则民服。

令不素行，以教其民，则民不服。

令素行者，与众相得也。

四、杜牧注《孙子兵法·行军篇》

孙子曰：凡处军、相敌。

绝山依谷。

杜牧曰：绝，过也；依，近也。言行军经过山险，须近谷而有水草之利也。吴子曰：『无当天灶大谷之口。』言不可当谷，但近谷而处可也。

视生处高。

杜牧曰：言须处高而面南也。

战隆无登。

杜牧曰：隆，高也。言敌人在高，我不可自下往高，迎敌人而接战也。一作『战降无登』。降，下也。

此处山之军也。

绝水必远水。

杜牧曰：魏将郭淮在汉中，蜀主刘备欲渡汉水来攻，诸将议，众寡不敌，欲依水为陈以拒之。淮曰：『此示弱而不足挫敌，不如远水为陈，引而致之。半济而后击，备可破也。』既列陈，备疑，不敢渡。

客绝水而来，勿迎之于水内，令半济而击之，利。

杜牧曰：楚汉相持，项羽自击彭越，令其大司马曹咎守成皋。汉军挑战，咎涉汜水战。汉军俟半涉，击，大破之。水内乃汭也，误为内耳。

欲战者，无附于水而迎客。

杜牧曰：言我欲用战，不可近水迎敌，恐敌人疑我不渡也。义与上同，但客主词异耳。

视生处高。

无迎水流。

杜牧曰：水流就下，不可于卑下处军也，恐敌人开决灌浸我也。上文云『视生处高』也。诸葛武侯曰：『水上之陈，不逆其流。』此言我军舟船亦不可泊于下流，言敌人得以乘流而薄我也。

此处水上之军也。

绝斥泽，惟亟去无留。

若交军于斥泽之中，必依水草而背众树。

杜牧曰：斥卤之地，草木不生，谓之飞锋。言于此忽遇敌，即须择有水草林木而止之。

此处斥泽之军也。

平陆处易。

杜牧曰：言于平陆，必择就其中坦易平稳之处以处军，使我车骑得以驰逐。

而右背高，前死后生。

杜牧曰：《太公》曰：『军必左川而右丘陵。』死者，下也；生者，高也。下不可以御高，故战便于军马也。

此处平陆之军也。

凡此四军之利。

黄帝之所以胜四帝也。

凡军好高而恶下。

贵阳而贱阴。

养生而处实。

军无百疾，是谓必胜。

杜牧曰：生者，阳也；实者，高也。言养之于高阳，则无卑湿阴翳，故百疾不生，然后必可胜也。

丘陵堤防，必处其阳而右背之。

杜牧曰：凡遇丘陵堤防之地，常居其东南也。

此兵之利，地之助也。

上雨，水沫至，欲涉者，待其定也。

杜牧曰：言过溪涧，见上流有沫，此乃上源有雨，待其沫尽水定，乃可涉；不尔，半涉，恐有瀑水卒至也。

凡地有绝涧。

天井。

天牢。

天罗。

天陷。

天隙。

必亟去之，勿近也。

杜牧曰：《军谶》曰：『地形坳下，大水所及，谓之天井。山涧迫狭，可以绝人，谓之天牢。涧水澄阔，不测浅深，道路泥泞，人马不通，谓之天陷。地多沟坑，坎陷木石，谓之天隙。林木隐蔽，蒹葭深远，谓之天罗。』

吾远之，敌近之；吾迎之，敌背之。

杜牧曰：迎，向也；背，倚也。言遇此六害之地，吾远之向之，则进止自由；敌人近之倚之，则举动有阻。故我利而敌凶也。

军行有险阻、潢井、葭苇、山林、蘙荟者，必谨覆索之，此伏奸之所处也。

敌近而静者，恃其险也。

远而挑战者，欲人之进也。

杜牧曰：若近以挑战，则有相薄之势，恐我不进，故远也。

其所居易者，利也。

杜牧曰：言敌不居险阻而居平易，必有以便利于事也。一本云：士争其所居者，易利也。

众树动者，来也。

众草多障者，疑也。

杜牧曰：言敌人或营垒未成，或拔军潜去，恐我来追，或为掩袭，故结草使往往相降，如有人伏藏之状，使我疑而不敢进也。

鸟起者，伏也。

兽骇者，覆也。

杜牧曰：凡敌欲覆我，必由他道险阻林木之中，故驱起伏兽骇逸也。覆者，来袭我也。

尘高而锐者，车来也。

杜牧曰：车马行疾，仍须鱼贯，故尘高而尖。

卑而广者，徒来也。

杜牧曰：步人行迟，可以并列，故尘低而阔也。

散而条达者，樵采也。

杜牧曰：樵采者，各随所向，故尘埃散衍。条达，纵横断绝貌也。

少而往来者，营军也。

杜牧曰：欲立营垒，以轻兵往来为斥候，故尘少也。

辞卑而益备者，进也。

杜牧曰：言敌人使来，言辞卑逊，复增垒涂壁，若惧我者，是欲骄我使懈怠，必来攻我也。赵奢救阏与，去邯郸三十里，增垒不进。秦间来，必善食遣之。间以报秦将。秦将果大喜曰：『阏与非赵所有矣』！奢既遣秦间，乃倍道兼行，掩秦不备，击之，遂大破秦军也。

辞强而进驱者，退也。

杜牧曰：吴王夫差北征，会晋定公于黄池，越王勾践伐吴，吴晋方争长，未定。吴王惧，乃合大夫而谋曰：『无会而归，与会而先晋，孰利？』王孙雒曰：『必会而先之。』吴王曰：『先之若何？』雒曰：『今夕必挑战，使广民心，乃能至也。』于是吴王以带甲三万人，去晋军一里，声动天地。晋使董褐视之，吴王亲对曰：『孤之事君在今日，不得事君亦在今日。』董褐曰：『臣观吴王之色，类有大忧；吴将毒我，不可与战。』乃许先歃。吴王既会，遂还焉。

轻车先出居其侧者，陈也。

杜牧曰：出轻车，先定战陈疆界也。

无约而请和者，谋也。

杜牧曰：贞元三年，吐蕃首领尚结赞因侵掠河曲，遇疫疠，人马死者太半。恐不得回，乃诈与侍中马燧款恳，因奏请盟会。燧乃盟之。时河中节度使浑瑊奏曰：『若国家勤兵境上，以谋伐为计，蕃戎请盟，亦听信之。今吐蕃无所求于国家，遽请盟会，必恐不实。』上不纳。浑瑊率众二万，屯泾州平凉县，盟坛在县西三十里。五月十三日，瑊率三千人会坛所。吐蕃果束甲劫盟焉。

奔走而陈兵车者，期也。

杜牧曰：上文『轻车先出居其侧者，陈也』，盖先出车定战场界，立旗为表，奔走赴表，以为陈也。旗者，期也；与民期于下也。《周礼·大蒐》曰：『车骤徒趋，及表乃止』是也。

半进半退者，诱也。

杜牧曰：伪为杂乱不整之状，诱我使进也。

杖而立者，饥也。

杜牧曰：不食必困，故杖也。一本从此『仗』字。

汲而先饮者，渴也。

杜牧曰：命之汲水，未及而先取者，渴也。睹一人，三军可知也。

见利而不进者，劳也。

鸟集者，虚也。

杜牧曰：设留形而遁。齐与晋相持，叔向曰『鸟鸣之声乐，齐师其遁。』后周齐王宪伐高齐，将班师，乃以柏叶为幕，烧粪壤去。高齐视之，二日乃知其空营，追之不及。此乃设留形而遁走也。

夜呼者，恐也。

杜牧曰：恐惧不安，故夜呼以自壮也。

军扰者，将不重也。

杜牧曰：言进退举止，轻佻率易，无威重，军士亦扰乱也。

旌旗动者，乱也。

杜牧曰：鲁庄公败齐于长勺，曹刿请逐之。公曰：『若何？』对曰：『视其辙乱而旗靡，故逐之。』

吏怒者，倦也。

杜牧曰：众悉倦弊，故吏不畏而忿怒也。

粟马肉食，军无悬瓶，不返其舍者，穷寇也。

杜牧曰：粟马，言以粮谷秣马也。肉食者，杀牛马飨士也。军无悬缻者，悉破之，示不复炊也。不返其舍者，昼夜结部伍也。如此皆是穷寇，必欲决一战尔。缻，音府，炊器也。

谆谆翕翕，徐与人言者，失众也。

杜牧曰：谆谆者，乏气声促也；翕翕者，颠倒失次貌。如此者，忧在内，是自失其众心也。

数赏者，窘也。

杜牧曰：势力穷窘，恐众为叛，数赏以悦之。

数罚者，困也。

杜牧曰：人力困弊，不畏刑罚，故数罚以惧之。

先暴而后畏其众者，不精之至也。

杜牧曰：料敌不精之甚。

来委谢者，欲休息也。

杜牧曰：所以委质来谢，此乃势已穷，或有他故，必欲休息也。

兵怒而相迎，久而不合，又不相去，必谨察之。

杜牧曰：盛怒出陈，久不交刃，复不解去，有所待也。当谨伺察之，恐有奇伏旁起也。

兵非益多也。

惟无武进。

足以并力、料敌、取人而已。

杜牧曰：言我与敌人兵力皆均，惟未能用武前进者，盖未得见其人也。但能于厮养之中拣择其材，亦足并力料敌而取胜，不假求于他也。

夫惟无虑而易敌者，必擒于人。

杜牧曰：无有深谋远虑，但恃一夫之勇，轻易不顾者，必为敌人所擒也。

卒未亲附而罚之，则不服，不服则难用也。

杜牧曰：恩信未洽，不可以刑罚齐之。

卒已亲附而罚不行，则不可用也。

故令之以文，齐之以武。

杜牧曰：晏子举司马穰苴，文能附众、武能威敌也。

是谓必取。

杜牧曰：文武既行，必也取胜。

令素行，以教其民，则民服。

令不素行，以教其民，则民不服。

令素行者，与众相得也。

杜牧曰：素，先也。言为将居常无事之时，须恩信威令先着于人，然后对敌之时，行令立法，人人信服。韩信曰：『我非素得拊循士大夫，所谓驱市人而战也。所以使之背水，令其人人自战。』以其非素受恩信，威令之从也。

五、陈皞注《孙子兵法·行军篇》

孙子曰：凡处军、相敌。

绝山依谷。

视生处高。

陈皞曰：若地有东西，其法何如？答曰：然则面东也。

战隆无登。

此处山之军也。

绝水必远水。

客绝水而来，勿迎之于水内，令半济而击之，利。

欲战者，无附于水而迎客。
视生处高。
无迎水流。
此处水上之军也。
绝斥泽，惟亟去无留。
陈皞曰：斥，咸卤之地，小草恶，渐洳不可处军。《新训》曰『地固斥泽，不生五谷』者是也。
若交军于斥泽之中，必依水草而背众树。
此处斥泽之军也。
平陆处易。
而右背高，前死后生。
此处平陆之军也。
凡此四军之利。
黄帝之所以胜四帝也。
凡军好高而恶下。
贵阳而贱阴。
养生而处实。
军无百疾，是谓必胜。
丘陵堤防，必处其阳而右背之。
此兵之利，地之助也。
上雨，水沫至，欲涉者，待其定也。
凡地有绝涧。

天井。
天牢。
天罗。
天陷。
天隙。
必亟去之，勿近也。
吾远之，敌近之；吾迎之，敌背之。
军行有险阻、潢井、葭苇、山林、翳荟者，必谨覆索之，此伏奸之所处也。
敌近而静者，恃其险也。
远而挑战者，欲人之进也。
陈皞曰：敌人相近而不挑战，恃其守险也。若远而挑战者，欲诱我使进，然后乘利而奋击也。
其所居易者，利也。
陈皞曰：言敌人得其地利，则将士争以居之也。
众树动者，来也。
众草多障者，疑也。
鸟起者，伏也。
兽骇者，覆也。
陈皞曰：覆者，谓隐于林木之内，潜来掩我。候两军战酣，或出其左右，或出其前后，若惊骇伏兽也。
尘高而锐者，车来也。
卑而广者，徒来也。
散而条达者，樵采也。

少而往来者，营军也。

辞卑而益备者，进也。

辞强而进驱者，退也。

轻车先出居其侧者，陈也。

无约而请和者，谋也。

陈皞曰：因盟相劫，不独国朝。晋楚会于宋，楚人衷甲欲袭晋，晋人知之，是以失信也。今言无约而请和，盖总论两国之师，或侵或伐，彼我皆未屈弱，而无故请和好者，此必敌人国内有忧危之事，欲为苟且暂安之计；不然，则知我有可图之势，欲使不疑，先求和好，然后乘我不备而来取也。石勒之破王浚也，先密为和好，又臣服于浚；知浚不疑，乃请修朝觐之礼。浚许之。及入，因诛浚而灭之。

奔走而陈兵车者，期也。

半进半退者，诱也。

杖而立者，饥也。

汲而先饮者，渴也。

见利而不进者，劳也。

鸟集者，虚也。

陈皞曰：此言敌人若去，营幕必空，禽鸟既无畏，乃鸣集其上。楚子元伐郑，将奔，谍者告曰：『楚幕有乌。』乃止，则知其设留形而遁也。此篇盖孙子辨敌之情伪也。

夜呼者，恐也。

陈皞曰：十人中一人有勇，虽九人怯懦，恃一人之勇，亦可自安。今军士夜呼，盖是将无勇。曹说是也。

军扰者，将不重也。

陈皞曰：将法令不严，威容不重，士因以扰乱也。

旌旗动者，乱也。

吏怒者，倦也。

陈皞曰：将兴不急之役，故人人倦弊也。

粟马肉食，军无悬缻，不返其舍者，穷寇也。

谆谆翕翕，徐与人言者，失众也。

数赏者，窘也。

数罚者，困也。

先暴而后畏其众者，不精之至也。

来委谢者，欲休息也。

兵怒而相迎，久而不合，又不相去，必谨察之。

兵非益多也。

惟无武进。

足以并力、料敌、取人而已。

陈皞曰：言我兵力不多于敌，又无利便可进，不必他国乞师，但于厮养中并力取人，亦可破敌也。

夫惟无虑而易敌者，必擒于人。

陈皞曰：『惟』，犹独也。此言殊无远虑，但轻敌者，以为其所擒，不独言其勇也。《左传》曰：『蜂虿有毒，而况国乎？』则小敌亦不可轻。

卒未亲附而罚之，则不服，不服则难用也。

卒已亲附而罚不行，则不可用也。

故令之以文，齐之以武。

是谓必取。

令素行，以教其民，则民服。
令不素行，以教其民，则民不服。
令素行者，与众相得也。
陈皞曰：晋文公始入国，教其民二年，欲用之。子犯曰：『民未知义，未安其居。』此言欲令民不苟其生也。于是出定襄王。此言示以事君之大义，入务利民。民怀生矣，又将用之。子犯曰：『民未知信，未宜其用。』于是伐原以示之信。此言在往年伐原不贪其利，而守其信。民易资者，不求丰焉，此言人无贪诈也，明征其辞。公曰：『可矣。』子犯曰：『民未知礼，未生其恭。』于是大蒐以示之礼，及战之时，少长有礼，其可用也。此五者，教人之本也。夫令要在先申，使人听之不惑；法要在必行，使人守之无轻信者也。三令五申，示人不惑也。法令简当，议在必行，然后可以与众相得也。

六、贾林注《孙子兵法·行军篇》

孙子曰：凡处军、相敌。
绝山依谷。
贾林曰：两军相当敌，宜择利而动。绝山，跨山；依谷，傍谷也。跨山无后患，依谷有水草也。
视生处高。
贾林曰：居阳曰『生』，『视生』为无蔽冒物（色），处军当在高。
战隆无登。
贾林曰：战宜乘下，不可迎高也。
此处山之军也。
绝水必远水。
客绝水而来，勿迎之于水内，令半济而击之，利。
欲战者，无附于水而迎客。

视生处高。

无迎水流。

贾林曰：水流之地，可以溉吾军，可以流毒药。迎，逆也。一云：逆流而营军，兵家所忌。

此处水上之军也。

绝斥泽，惟亟去无留。

贾林曰：咸卤之地，多无水草，不可久留。

若交军于斥泽之中，必依水草而背众树。

此处斥泽之军也。

平陆处易。

而右背高，前死后生。

贾林曰：岗阜曰『生』，战地曰『死』。后岗阜，处军稳；前临地，用兵便；高在右，回转顺也。

此处平陆之军也。

凡此四军之利。

黄帝之所以胜四帝也。

凡军好高而恶下。

贵阳而贱阴。

养生而处实。

军无百疾，是谓必胜。

丘陵堤防，必处其阳而右背之。

此兵之利，地之助也。

上雨，水沫至，欲涉者，待其定也。

凡地有绝涧。

天井。

天牢。

天罗。

天陷。

天隙。

必亟去之，勿近也。

贾林曰：两岸深阔断人行为绝涧；下中之下，为天井；四边涧险，水草相兼，中央倾侧，出入皆难，为天牢；道路崎岖，或宽或狭，细涩难行，为天罗；地多沮洳为天陷；两边险绝，形狭长而数里，中间难通人行，可以绝塞出入，为天隙。此六害之地，不可近背也。

吾远之，敌近之；吾迎之，敌背之。

军行有险阻、潢井、葭苇、山林、蘙荟者，必谨覆索之，此伏奸之所处也。

敌近而静者，恃其险也。

远而挑战者，欲人之进也。

其所居易者，利也。

贾林曰：敌之所居地多便利，故挑我使前就己之便，战则易获其利，慎勿从之也。

众树动者，来也。

众草多障者，疑也。

贾林曰：结草多为障蔽者，欲使我疑之，于中兵必不实，欲别为攻袭，宜审备之。

鸟起者，伏也。

兽骇者，覆也。

尘高而锐者，车来也。
卑而广者，徒来也。
散而条达者，樵采也。
少而往来者，营军也。
辞卑而益备者，进也。
辞强而进驱者，退也。
轻车先出居其侧者，陈也。
贾林曰：轻车前御，欲结陈而来也。
无约而请和者，谋也。
奔走而陈兵车者，期也。
贾林曰：寻常之期不合奔走，必有远兵相应；有晷刻之期，必欲合势同来攻我，宜速备之。
半进半退者，诱也。
杖而立者，饥也。
汲而先饮者，渴也。
见利而不进者，劳也。
鸟集者，虚也。
夜呼者，恐也。
军扰者，将不重也。
旌旗动者，乱也。
吏怒者，倦也。
贾林曰：人困则多怒。

粟马肉食，军无悬瓴，不返其舍者，穷寇也。

谆谆翕翕，徐与人言者，失众也。

贾林曰：谆谆，窃议貌；翕翕，不安貌；徐与人言，递相问貌。如此者，必散失部曲也。

数赏者，窘也。

数罚者，困也。

先暴而后畏其众者，不精之至也。

贾林曰：教令不能分明，士卒又非精练，如此之将，先欲强暴伐人，众悖则惧也，至懦之极也。

来委谢者，欲休息也。

贾林曰：气委而言谢者，欲求两解。

兵怒而相迎，久而不合，又不相去，必谨察之。

兵非益多也。

贾林曰：不贵众击寡，所贵寡击众。

惟无武进。

贾林曰：武不足专进，专进则暴。

足以并力、料敌、取人而已。

贾林曰：虽无武勇之力而轻进，足以智谋料敌、并力而取敌人也。

夫惟无虑而易敌者，必擒于人。

卒未亲附而罚之，则不服，不服则难用也。

卒已亲附而罚不行，则不可用也。

故令之以文，齐之以武。

是谓必取。

令素行，以教其民，则民服。
令不素行，以教其民，则民不服。
令素行者，与众相得也。

七、孟氏注《孙子兵法·行军篇》

孙子曰：凡处军、相敌。
绝山依谷。
视生处高。
战隆无登。
此处山之军也。
绝水必远水。
客绝水而来，勿迎之于水内，令半济而击之，利。
欲战者，无附于水而迎客。
视生处高。
无迎水流。
此处水上之军也。
绝斥泽，惟亟去无留。
若交军于斥泽之中，必依水草而背众树。
此处斥泽之军也。
平陆处易。
而右背高，前死后生。
此处平陆之军也。

凡此四军之利。

黄帝之所以胜四帝也。

凡军好高而恶下。

贵阳而贱阴。

养生而处实。

军无百疾，是谓必胜。

丘陵堤防，必处其阳而右背之。

此兵之利，地之助也。

上雨，水沫至，欲涉者，待其定也。

凡地有绝涧。

天井。

天牢。

天罗。

天陷。

天隙。

必亟去之，勿近也。

吾远之，敌近之；吾迎之，敌背之。

军行有险阻、潢井、葭苇、山林、翳荟者，必谨覆索之，此伏奸之所处也。

敌近而静者，恃其险也。

远而挑战者，欲人之进也。

其所居易者，利也。

众树动者，来也。
众草多障者，疑也。
鸟起者，伏也。
兽骇者，覆也。
尘高而锐者，车来也。
卑而广者，徒来也。
散而条达者，樵采也。
少而往来者，营军也。
辞卑而益备者，进也。
辞强而进驱者，退也。
轻车先出居其侧者，陈也。
无约而请和者，谋也。
奔走而陈兵车者，期也。
半进半退者，诱也。
杖而立者，饥也。
汲而先饮者，渴也。
见利而不进者，劳也。
鸟集者，虚也。
夜呼者，恐也。
孟氏曰：十人中一人有勇，虽九人怯懦，恃一人之勇，亦可自安。今军士夜呼，盖是将无勇。曹说是也。
军扰者，将不重也。

旌旗动者，乱也。
吏怒者，倦也。
粟马肉食，军无悬缻，不返其舍者，穷寇也。
谆谆翕翕，徐与人言者，失众也。
数赏者，窘也。
孟氏曰：军实窘也。恐士卒心怠，故别行小惠也。
数罚者，困也。
先暴而后畏其众者，不精之至也。
来委谢者，欲休息也。
兵怒而相迎，久而不合，又不相去，必谨察之。
孟氏曰：备有别应。
兵非益多也。
惟无武进。
足以并力、料敌、取人而已。
夫惟无虑而易敌者，必擒于人。
卒未亲附而罚之，则不服，不服则难用也。
卒已亲附而罚不行，则不可用也。
故令之以文，齐之以武。
是谓必取。
令素行，以教其民，则民服。
令不素行，以教其民，则民不服。

令素行者，与众相得也。

八、梅尧臣注《孙子兵法·行军篇》

孙子曰：凡处军、相敌。

绝山依谷。

梅尧臣曰：前为山所隔，则依谷以为固。

视生处高。

梅尧臣曰：若在陵之上，必向阳而居；处高乘便也。

战隆无登。

梅尧臣曰：敌处地之高，不可登而战。

此处山之军也。

梅尧臣曰：处山当知此三者。

绝水必远水。

梅尧臣曰：前为水所隔，则远水以引敌。

客绝水而来，勿迎之于水内，令半济而击之，利。

梅尧臣曰：敌之方来，迎于水滨则不渡。

欲战者，无附于水而迎客。

梅尧臣曰：必欲战，亦莫若远水。

视生处高。

梅尧臣曰：水上亦据高而向阳。

无迎水流。

梅尧臣曰：无军下流，防其决灌。舳舻之战，逆亦非便。

此处水上之军也。

梅尧臣曰：处水上当知此五者。

绝斥泽，惟亟去无留。

梅尧臣曰：斥，远也。旷荡难守，故不可留。

若交军于斥泽之中，必依水草而背众树。

梅尧臣曰：不得已而会敌，则依近水草，背倚众木。

此处斥泽之军也。

梅尧臣曰：处斥泽，当知此二者。

平陆处易。

而右背高，前死后生。

梅尧臣曰：择其坦易，车骑便利。右背丘陵，势则有凭。前低后隆，战者所便。

此处平陆之军也。

梅尧臣曰：处平陆当知此二者。

凡此四军之利。

黄帝之所以胜四帝也。

梅尧臣曰：四帝当为四军字之误欤？言黄帝得四者之利，处山则胜山，处水上则胜水上，处斥泽则胜斥泽，处

平陆则胜平陆也。

凡军好高而恶下。

梅尧臣曰：高则爽垲，所以安和，亦以便势；下则卑湿，所以生疾，亦以难战。

贵阳而贱阴。

梅尧臣曰：处阳则明顺，处阴则晦逆。

养生而处实。
梅尧臣曰：养生便水草，处实利粮道。
军无百疾，是谓必胜。
梅尧臣曰：能知上三者，则势胜可必，疾气不生。
丘陵堤防，必处其阳而右背之。
梅尧臣曰：虽非至高，亦当前向明而右依实。
此兵之利，地之助也。
梅尧臣曰：兵所利者，得形势以为助。
上雨，水沫至，欲涉者，待其定也。
梅尧臣曰：流沫未定，恐有暴涨。
凡地有，绝涧。
梅尧臣曰：前后险峻，水横其中。
天井。
梅尧臣曰：四面峻坂，涧壑所归。
天牢。
梅尧臣曰：三面环绝，易入难出。
天罗。
梅尧臣曰：草木蒙密，锋镝莫施。
天陷。
梅尧臣曰：卑下污泞，车骑不通。
天隙。

梅尧臣曰：两山相向，洞道狭恶。

必亟去之，勿近也。

梅尧臣曰：六害尚不可近，况可留乎？

吾远之，敌近之；吾迎之，敌背之。

梅尧臣曰：言六害当使我远而敌附，我向而敌倚，则我利敌凶。

军行有险阻、潢井、葭苇、山林、蘙荟者，必谨覆索之，此伏奸之所处也。

梅尧臣曰：险阻，隘也；山林之所产。潢井，下也；葭苇之所生。皆翳荟足以蒙蔽。当掩搜，恐其伏兵。

敌近而静者，恃其险也。

梅尧臣曰：近而不动，倚险故也。

远而挑战者，欲人之进也。

梅尧臣曰：敌人相近而不挑战，恃其守险也。若远而挑战者，欲诱我使进，然后乘利而奋击也。

其所居易者，利也。

梅尧臣曰：所居易利，故来挑战。

众树动者，来也。

梅尧臣曰：斩伐树木，除道进来，故动。

众草多障者，疑也。

鸟起者，伏也。

兽骇者，覆也。

梅尧臣曰：兽惊而奔，旁有覆。

尘高而锐者，车来也。

梅尧臣曰：蹄轮势重，尘必高锐。

卑而广者，徒来也。

梅尧臣曰：人步低轻，尘必卑广。

散而条达者，樵采也。

梅尧臣曰：樵采随处，尘必纵横。

少而往来者，营军也。

梅尧臣曰：轻兵定营，往来尘少。

辞卑而益备者，进也。

梅尧臣曰：欲进者，外则卑辞，内则益备，款我也。

辞强而进驱者，退也。

梅尧臣曰：欲退者，使既词壮，兵又强进，胁我也。

轻车先出居其侧者，陈也。

无约而请和者，谋也。

梅尧臣曰：无约请和，必有奸谋。

奔走而陈兵车者，期也。

梅尧臣曰：立旗为表，奔以赴列。

半进半退者，诱也。

梅尧臣曰：进退不一，欲以诱我。

杖而立者，饥也。

梅尧臣曰：倚兵而立者，足见饥弊之色。

汲而先饮者，渴也。

梅尧臣曰：命之汲水，未及而先取者，渴也。睹一人三军可知也。

见利而不进者，劳也。

梅尧臣曰：人其困乏，何利之趋！

鸟集者，虚也。

梅尧臣曰：敌人既去，营垒空虚，乌鸟无猜，来集其上。

夜呼者，恐也。

军扰者，将不重也。

梅尧臣曰：将法令不严，威容不重，士因以扰乱也。

旌旗动者，乱也。

梅尧臣曰：旌旗辄动，偃亚不次，无纪律也。

吏怒者，倦也。

梅尧臣曰：吏士倦烦，怒不畏避也。

粟马肉食，军无悬缻，不返其舍者，穷寇也。

梅尧臣曰：给粮以秣乎马，杀畜以飨乎士，弃缻不复炊，暴露不返舍，是欲决战而求胜也。

谆谆翕翕，徐与人言者，失众也。

梅尧臣曰：谆谆，吐诚恳也；翕翕，旷职事也；缓言，强安恐众离也。

数赏者，窘也。

梅尧臣曰：势穷忧叛离，屡赏以悦众。

数罚者，困也。

梅尧臣曰：人弊不堪命，屡罚以立威。

先暴而后畏其众者，不精之至也。

梅尧臣曰：先行乎严暴，后畏其众离，训罚不精之极也。

来委谢者，欲休息也。

梅尧臣曰：力屈欲休兵，委质以来谢。

兵怒而相迎，久而不合，又不相去，必谨察之。

梅尧臣曰：怒而来逆我，久而不接战，且又不解去，必有奇伏以待我。此以上论敌情。

兵非益多也。

惟无武进。

足以并力、料敌、取人而已。

梅尧臣曰：武，继也。兵虽不足以继进，足以并给役厮养之力，量敌而取胜也。

夫惟无虑而易敌者，必擒于人。

卒未亲附而罚之，则不服，不服则难用也。

梅尧臣曰：傅，至也。德以至之，恩以亲之；恩德未敷，罚则不服，故怨而难使。

卒已亲附而罚不行，则不可用也。

梅尧臣曰：恩德既洽，刑罚不行，则骄不可用。

故令之以文，齐之以武。

是谓必取。

梅尧臣曰：令以仁恩，齐以威刑，恩威并著，则能必胜。

令素行，以教其民，则民服。

梅尧臣曰：素，旧也。威令旧立，教乃听服。

令不素行，以教其民，则民不服。

令素行者，与众相得也。

梅尧臣曰：信服已久，何事不从？

九、王晳注《孙子兵法·行军篇》

王晳曰：行军当据地，便察敌情也。

孙子曰：凡处军、相敌。

王晳曰：处军凡有四，相敌凡三十有一。

绝山依谷。

王晳曰：绝，度也；依，谓附近耳。曹公曰：『近水草便利也。』

视生处高。

战隆无登。

此处山之军也。

绝水必远水。

王晳曰：我绝水也。曹说是也。

客绝水而来，勿迎之于水内，令半济而击之，利。

王晳曰：内当作汭。迎于水汭，则敌不敢济；远则趋利不及，当得其宜也。

欲战者，无附于水而迎客。

王晳曰：我利在战，则当差远，使敌必渡而与之战也。

视生处高。

王晳曰：曹公曰：『水上亦当处其高。』晳谓非谓近水之地；下曹注云：『恐溉我也。』疑当在此下。

无迎水流。

王晳曰：当乘上流。魏曹仁征吴，欲攻濡须洲中。蒋济曰：『贼据西岸，列船上流，而兵入洲中，是谓自内地狱，危亡之道也。』仁不从而败。

此处水上之军也。

绝斥泽，惟亟去无留。

王皙曰：斥，卤也。地广且下，而无所依。

若交军于斥泽之中，必依水草而背众树。

王皙曰：猝与敌遇于此，亦必就利而背固也。

此处斥泽之军也。

平陆处易。

王皙曰：车骑之利也。

而右背高，前死后生。

王皙曰：凡兵皆宜向阳，既后背山，即前生后死。疑文误也。

此处平陆之军也。

凡此四军之利。

黄帝之所以胜四帝也。

王皙曰：『四帝』或曰当作『四军』。曹公曰：『黄帝始立，四方诸侯无不称帝，以此四地胜之也。』一本无作亦。

凡军好高而恶下。

王皙曰：有降无登，且远水患也。

贵阳而贱阴。

王皙曰：久处阴湿之地，则生忧疾，且弊军器也。

养生而处实。

王皙曰：养生谓水草粮糗之属，处实者倚固之谓。

军无百疾，是谓必胜。

丘陵堤防，必处其阳而右背之。

王皙曰：处阳则人舒以和，器健以利也。

此兵之利，地之助也。

上雨，水沫至，欲涉者，待其定也。

王皙曰：水涨则沫。涉，步济也。曹说是也。

凡地有绝涧。

天井。

天牢。

天罗。

天陷。

天隙。

必亟去之，勿近也。

王皙曰：皙谓绝涧当作绝天涧，脱『天』字耳。此六者皆自然之形也。牢谓如狱牢，罗谓如网罗也，陷谓沟坑淤泞之属，隙谓木石若隙罅之地。军行过此勿近，不然，则脱有不虞，智力无所施也。

吾远之，敌近之；吾迎之，敌背之。

军行有险阻、潢井、葭苇、山林、蘙荟者，必谨覆索之，此伏奸之所处也。

敌近而静者，恃其险也。

王皙曰：恃险故不恐也。

远而挑战者，欲人之进也。

王皙曰：欲致人也。挑谓擿骁敌求战。

其所居易者，利也。

王皙曰：所居利也。

众树动者，来也。

众草多障者，疑也。

鸟起者，伏也。

兽骇者，覆也。

尘高而锐者，车来也。

卑而广者，徒来也。

王皙曰：车马起尘猛，步人则差缓也。

散而条达者，樵采也。

王皙曰：条达，纤微断续之貌。

少而往来者，营军也。

辞卑而益备者，进也。

辞强而进驱者，退也。

王皙曰：辞强示进形，欲我不虞其去也。

轻车先出居其侧者，陈也。

无约而请和者，谋也。

王皙曰：无故骤请和者，宜防他谋也。

奔走而陈兵车者，期也。

王皙曰：陈而期民，将求战也。

半进半退者，诱也。

王皙曰：诡乱形也。

杖而立者，饥也。

王皙曰：倚杖者，困馁之相。

汲而先饮者，渴也。

王皙曰：以此见其众行驱饥渴也。

见利而不进者，劳也。

鸟集者，虚也。

夜呼者，恐也。

军扰者，将不重也。

旌旗动者，乱也。

吏怒者，倦也。

粟马肉食，军无悬甄，不返其舍者，穷寇也。

王皙曰：粟马肉食，所以为力且久也。军无甄，不复饮食也。不返舍，无回心也。皆谓以死决战耳。敌如此者，当坚守以待其弊也。

谆谆翕翕，徐与人言者，失众也。

王皙曰：谆谆，语诚恳之貌；翕翕者，患其上也。将失人心，则众相与语诚恳，而患其上也。

数赏者，窘也。

王皙曰：众窘而不和裕，则数赏以悦之。

数罚者，困也。

王皙曰：众困而不精勤，则数罚以胁之也。

先暴而后畏其众者，不精之至也。

王皙曰：敌先行列暴，后畏其众离，为将不精之甚也。

来委谢者，欲休息也。

王皙曰：势不能久。

兵怒而相迎，久而不合，又不相去，必谨察之。

兵非益多也。

王皙曰：皙谓权力均足矣，不以多为益。

惟无武进。

王皙曰：不可但恃武也，当以计智料敌而行。

足以并力、料敌、取人而已。

王皙曰：皙谓善分合之变者，足以并力乘敌间，取胜人而已。故虽厮养之辈可也，况精兵乎？曹说是也。

夫惟无虑而易敌者，必擒于人。

王皙曰：唯不能料敌，但以武进，则必为敌所擒，明患不在于不多也。

卒未亲附而罚之，则不服，不服则难用也。

王皙曰：恩信非素浃洽于人，心未附也。

卒已亲附而罚不行，则不可用也。

王皙曰：所谓若娇子也。

故令之以文，齐之以武。

王皙曰：吴起云：『总文武者，军之将；兼刚柔者，兵之事也。』

是谓必取。

令素行，以教其民，则民服。

令不素行，以教其民，则民不服。

王皙曰：民不素教，难卒为用。

令素行者，与众相得也。

王晳曰：如此者，始可言其并力胜敌矣。

十、何延锡注《孙子兵法·行军篇》

孙子曰：凡处军、相敌。

绝山依谷。

视生处高。

战隆无登。

此处山之军也。

绝水必远水。

客绝水而来，勿迎之于水内，令半济而击之，利。

何氏曰：如春秋时，宋公及楚人战于泓。宋人既成列，楚人未既济。司马曰：『彼众我寡，及其未既济也，请击之。』公曰：『不可。』既济而未成列，又以告。公曰：『未可。』既陈而后击之，宋师败绩，公伤股，门官歼焉。宋公违之故败也。吴伐楚，楚师败；及清发，将击之。夫概王曰：『困兽犹斗，况人乎？若知不免而致死，必败我；若使先济者知免，后者慕之，蔑有斗心矣。半济，而后可击也。』从之，又败之。魏将郭淮在汉中，蜀主刘备欲渡汉水来攻。时诸将等议曰：『众寡不敌。』欲依水为陈以拒之。淮曰：『此则示弱而不足以挫敌，非算也。不如远水为陈，引而致之，半济而后击，备可破也。』既陈，备疑，不敢渡。唐武德中，薛万均与罗艺守幽燕，窦建德率众十万寇范阳，万均谓艺曰：『众寡不敌，今若出斗百战百败，当以计取之。可令羸兵弱马，阻水背城为陈以诱之。贼若渡水交兵，请公精骑百人，伏于城侧，待其半渡而击之。』从之。建德渡水，万均击破之。

欲战者，无附于水而迎客。

视生处高。

何氏曰：视生向阳，远视也。军处高，远见敌势，则敌人不得潜来出我不意也。

无迎水流。

何氏曰：顺流而战，则易为力。

此处水上之军也。

绝斥泽，惟亟去无留。

若交军于斥泽之中，必依水草而背众树。

此处斥泽之军也。

平陆处易。

何氏曰：言于平陆，必择就其中坦易平稳之处以处军，使我车骑得以驰逐。

而右背高，前死后生。

此处平陆之军也。

凡此四军之利。

黄帝之所以胜四帝也。

何氏曰：梅氏之说得之。

凡军好高而恶下。

贵阳而贱阴。

养生而处实。

军无百疾，是谓必胜。

丘陵堤防，必处其阳而右背之。

此兵之利，地之助也。

上雨，水沫至，欲涉者，待其定也。

凡地有绝涧。

天井。

天牢。
天罗。
天陷。
天隙。
必亟去之，勿近也。
吾远之，敌近之；吾迎之，敌背之。
军行有险阻、潢井、葭苇、山林、蘙荟者，必谨覆索之，此伏奸之所处也。
敌近而静者，恃其险也。
远而挑战者，欲人之进也。
其所居易者，利也。
众树动者，来也。
众草多障者，疑也。
鸟起者，伏也。
兽骇者，覆也。
尘高而锐者，车来也。
卑而广者，徒来也。
散而条达者，樵采也。
少而往来者，营军也。
辞卑而益备者，进也。
敌强而进驱者，退也。
轻车先出居其侧者，陈也。

无约而请和者，谋也。

奔走而陈兵车者，期也。

半进半退者，诱也。

杖而立者，饥也。

汲而先饮者，渴也。

见利而不进者，劳也。

鸟集者，虚也。

夜呼者，恐也。

军扰者，将不重也。

旌旗动者，乱也。

吏怒者，倦也。

粟马肉食，军无悬缻，不返其舍者，穷寇也。

谆谆翕翕，徐与人言者，失众也。

何氏曰：两人窃语，诽议主将者也。

数赏者，窘也。

数罚者，困也。

先暴而后畏其众者，不精之至也。

何氏曰：宽猛相济，精于将事也。

来委谢者，欲休息也。

兵怒而相迎，久而不合，又不相去，必谨察之。

兵非益多也。

惟无武进。

足以并力、料敌、取人而已。

夫惟无虑而易敌者，必擒于人。

卒未亲附而罚之，则不服，不服则难用也。

卒已亲附而罚不行，则不可用也。

故令之以文，齐之以武。

是谓必取。

令素行，以教其民，则民服。

令不素行，以教其民，则民不服。

何氏曰：人既失训，安得服教？

令素行者，与众相得也。

十一、张预注《孙子兵法·行军篇》

张预曰：知九地之变，然后可以择利而行军，故次《九变》。

孙子曰：凡处军、相敌。

张预曰：自『绝山依谷』至『伏奸之所处』，则处军之事也。自『敌近而静』至『必谨察之』，则相敌之事也。相，犹察也，料也。

绝山依谷。

张预曰：绝，犹越也。凡行军越过山险，必依附溪谷而居，一则利水草，一则负险固。后汉武都羌为寇，马援讨之。羌在山上，援据便地，夺其水草，不与战。羌穷困，悉降。羌不知依谷之利也。

视生处高。

张预曰：视生谓面阳也。处军当在高阜。

战隆无登。

张预曰：敌处隆高之地，不可登迎与战。一本作『战降无登迎』，谓敌下山来战，引我上山，则不可登迎。

此处山之军也。

张预曰：凡高而崇者，皆谓之山。处山拒敌，以上三事为法。

绝水必远水。

张预曰：凡行军过水，欲舍止者，必去水稍远，一则引敌使渡，一则进退无碍。郭淮远水为陈，刘备悟之而不渡是也。

客绝水而来，勿迎之于水内，令半济而击之，利。

张预曰：敌若引兵渡水来战，不可迎之于水边，俟其半济，行列未定，首尾不接，击之必胜。公孙瓒败黄巾贼于东光，薛万均破窦建德于范阳，皆用此术也。

欲战者，无附于水而迎客。

张预曰：我欲必战，勿近水迎敌，恐其不得渡；我不欲战，则阻水拒之，使不能济。晋将阳处父与楚将子上夹泜水而军。阳子退舍，欲使楚人渡；子上亦退舍，欲令晋师渡。遂皆不战而归。

视生处高。

张预曰：或岸边为陈，或水上泊舟，皆须面阳而居高。

无迎水流。

张预曰：卑地勿居，恐决水溉我。舟战亦不可处下流，以彼沿我溯，战不便也。兼虑敌人投毒于上流。楚令尹拒吴，卜战不吉。司马子鱼曰：『我得上流，何故不吉？』遂决战，果胜。是军须居上流也。

此处水上之军也。

张预曰：凡近水为陈，皆谓水上之军。水上拒敌，以上五事为法。

绝斥泽，惟亟去无留。

张预曰：《刑法志》云：『山川沈斥。』颜师古注曰：『沈，深水之下；斥，咸卤之地。』然则斥泽谓瘠卤渐洳之所也。以其地气湿润，水草薄恶，故宜急过。

若交军于斥泽之中，必依水草而背众树。

张预曰：不得已而会兵于此地，必依近水草，以便樵汲；背倚林木，以为险阻。

此处斥泽之军也。

张预曰：处斥泽之地，以上二事为法。

平陆处易。

张预曰：平原广野，车骑之地，必择其坦易无坎陷之处以居军，所以利于驰突也。

而右背高，前死后生。

张预曰：虽是平陆，须有高阜，必右背之，所以恃为形势者也。前低后高，所以便乎奔击也。

此处平陆之军也。

张预曰：居平陆之地，以上二事为法。

凡此四军之利。

张预曰：山、水、斥泽、平陆之四军也。诸葛亮曰：『山陆之战不升其高；水上之战不逆其流；草上之战不涉其深；平地之战不逆其虚。此兵之利也。』

黄帝之所以胜四帝也。

张预曰：黄帝始立，四方诸侯亦称帝，以此四地胜之。按《史记·黄帝纪》云：『与炎帝战于阪泉，与蚩尤战于涿鹿，北逐荤粥。』又太公《六韬》言黄帝七十战而定天下。此即是有四方诸侯战也。兵家之法，皆始于黄帝，故云然也。

凡军好高而恶下。

张预曰：居高则便于觇望，利于驰逐；处下则难以为固，易以生疾。

贵阳而贱阴。

张预曰：东南为阳，西北为阴。

养生而处实。

张预曰：养生谓就善水草放牧也。处实谓倚隆高之地以居也。

军无百疾，是谓必胜。

张预曰：居高面阳，养生处厚，可以必胜；地气干熯，故疾疠不作。

丘陵堤防，必处其阳而右背之。

张预曰：面阳所以贵明显，背高所以为险固。

此兵之利，地之助也。

张预曰：用兵之利，得地之助。

上雨，水沫至，欲涉者，待其定也。

张预曰：渡未及毕济，而大水忽至也。沫谓水上泡沤。

凡地有绝涧。

天井。

天牢。

天罗。

天陷。

天隙。

必亟去之，勿近也。

张预曰：溪谷深峻，莫可过者为绝涧；外高中下，众水所归者为天井；山险环绕，所入者隘，为天牢；林木纵横，葭苇隐蔽者为天罗；陂地泥泞，渐车凝骑者为天陷；道路迫狭，地多坑坎者为天隙。凡遇此地，宜远过不可近之。

吾远之，敌近之；吾迎之，敌背之。

张预曰：六害之地，我既远之向之，敌自近之倚之；我则行止有利，彼则进退多凶也。

军行有险阻、潢井、葭苇、山林、翳荟者，必谨覆索之，此伏奸之所处也。

张预曰：险阻，丘阜之地，多生山林；潢井，卑下之处，多产葭苇。皆翳荟可以蒙蔽。必降索之，恐兵伏其中。又虑奸细潜隐，觇我虚实，听我号令。伏奸当为两事。

敌近而静者，恃其险也。

远而挑战者，欲人之进也。

张预曰：两军相近而终不动者，倚恃险固也；两军相远而数挑战者，欲诱我之进也。《尉缭子》曰：『分险者无战心。』言敌人先分得险地，则我勿与之战也。又曰：『挑战者无全气。』言相去远则挑战而延诱我进，即不可以全气击之，与此法同也。

其所居易者，利也。

张预曰：敌人舍险而居易者，必有利也。或曰：敌欲人之进，故处于平易，以示利而诱我也。

众树动者，来也。

张预曰：凡军，必遣善视者登高觇敌。若见林木动摇者，是斩木除道而来也。或曰：不止除道，亦将为兵器也。若晋人伐木益兵是也。

众草多障者，疑也。

张预曰：或敌欲追我，多为障蔽，设留形而遁，以避其追。或欲袭我，从聚草木以为人屯，使我备东而击西。皆所以为疑也。

鸟起者，伏也。

张预曰：鸟适平飞，至彼忽高起者，下有伏兵也。

兽骇者，覆也。

张预曰：凡欲掩覆人者，必由险阻草木中来，故惊起伏兽奔骇也。

尘高而锐者，车来也。

张预曰：车马行疾而势重，又辙迹相次而进，故尘埃高起而锐直也。凡军行须有探候之人在前，若见敌尘，必驰报主将。如潘党望晋尘，使骋而告是也。

卑而广者，徒来也。

张预曰：徒步行缓而迹轻，又行列疏远，故尘低而来。

散而条达者，樵采也。

张预曰：分遣厮役，随处樵采，故尘埃散乱而成隧道。

少而往来者，营军也。

张预曰：凡分栅营者，必遣轻，骑四面近视其地，欲周知险易广狭之形，故尘微而来。

辞卑而益备者，进也。

张预曰：使来辞逊，敌复增备，欲骄我而后进也。田单守即墨，燕将骑劫围之。单身操版插，与士卒分功，使妻妾编行伍之间，散食飨士。乃使女子乘城约降。燕大喜。又收民金千镒，令富豪遣使遗燕将，书曰：『城即降，愿无虏妻妾。』燕人益懈。乃出兵击，大破之。

辞强而进驱者，退也。

张预曰：使来辞壮，军又前进，欲胁我而求退也。秦行人夜戒晋师曰：『两军之士，皆未憖也；来日请相见。』晋臾骈曰：『使者目动而言肆，惧我也。』秦果宵遁。

轻车先出居其侧者，陈也。

张预曰：轻车，战车也。出军其旁，陈兵欲战也。按鱼丽之陈，先偏后伍，言以车居前，以伍次之。然而是欲战者，车先出其侧也。

无约而请和者，谋也。

张预曰：无故请和，必有奸谋。汉高祖欲击秦军，使郦食其持重宝啖其将贾竖，秦将果欲连和。高祖因其怠而击之，秦师大败。又晋将李矩守荥阳，刘畅以三万人讨之。矩遣使奉牛酒请降，潜匿精兵，见其弱卒。畅大飨士卒，人皆醉饱。

矩夜袭之，畅仅以身免。

奔走而陈兵车者，期也。

张预曰：立旗为表，与民期于下，故奔走以赴之。《周礼》曰『车骤徒趋，及表乃止』是也。

半进半退者，诱也。

张预曰：诈为乱形，是诱我也。若吴子以囚徒示不整，以诱楚师之类也。

杖而立者，饥也。

张预曰：凡人不食则困，故倚兵器而立。三军饮食，上下同时，故一人饥，则三军皆然。

汲而先饮者，渴也。

张预曰：汲者未及归营而先饮水，是三军渴也。

见利而不进者，劳也。

张预曰：士卒疲劳，不可使战，故虽见利，将不敢进也。

鸟集者，虚也。

张预曰：凡敌潜退，必存营幕，禽鸟见空，鸣集其上。楚伐郑，郑人将奔，谍告曰：『楚幕有乌。』乃止。又晋伐齐，叔向曰：『城上有乌，齐师其遁。』此乃设留形而遁也。

夜呼者，恐也。

张预曰：三军以将为主。将无胆勇，不能安众，故士卒恐惧而夜呼。若晋军终夜有声是也。

军扰者，将不重也。

张预曰：军中多惊扰者，将不持重也。张辽屯长社，夜，军中忽乱，一军尽扰，辽谓左右勿动，是必有造变者，欲以动乱人耳。乃令军士安坐，辽中陈而立，有顷即定。此则能持重也。

旌旗动者，乱也。

张预曰：旌旗所以齐众也；而动摇无定，是部伍杂乱也。

吏怒者，倦也。

张预曰：政令不一，则人情倦，故吏多怒也。晋楚相攻，晋裨将赵旃、魏錡怒而欲败晋军，皆奉命于楚。郤克曰『二憾往矣，弗备必败』是也。

粟马肉食，军无悬缻，不返其舍者，穷寇也。

张预曰：捐粮谷以秣马，杀牛畜以飨士，破釜及缻，不复炊爨，暴露兵众，不复反舍，兹穷寇也。孟明焚舟，楚军破釜之类是也。

谆谆翕翕，徐与人言者，失众也。

张预曰：谆谆，语也；翕翕，聚也；徐，缓也。言士卒相聚私语，低缓而言，以非其上，是不得众心也。

数赏者，窘也。

张预曰：势窘则易离，故屡赏以抚士。

数罚者，困也。

张预曰：力困则难用，故频罚以畏众。

先暴而后畏其众者，不精之至也。

张预曰：先轻敌，后畏人。或曰：先刻暴御下，后畏众叛己，是用威行爱不精之甚。故上文以数赏、数罚而言也。

来委谢者，欲休息也。

张预曰：以所亲爱委质来谢，是势力穷极，欲休兵息战也。

兵怒而相迎，久而不合，又不相去，必谨察之。

张预曰：勇怒而来，既不合战，又不引退，当密伺之，必有奇伏也。

兵非益多也。

张预曰：兵非增多于敌。谓权力均也。

惟无武进。

张预曰：武，刚也。未能用刚武以轻进，谓未见利也。

足以并力、料敌、取人而已。

张预曰：兵力既均，又未见便，虽未足刚进，足以取人于厮养之中，以并兵合力，察敌而取胜，不必假他兵以助己。故《尉缭子》曰：『天下助卒，名为十万，其实不过数万。其兵来者，无不谓其将曰：无为天下先战。』此言助卒无益，不如己有兵法也。

夫惟无虑而易敌者，必擒于人。

张预曰：不能料人，反轻敌以武进，必为人所擒也。齐晋相攻，齐侯曰：『吾姑灭此而朝食。』不介马而驰之，为晋所败是也。

卒未亲附而罚之，则不服，不服则难用也。

张预曰：骤居将帅之位，恩信未加于民，而遽以刑法齐之，则怒恚而难用。故田穰苴曰：『臣素卑贱，士卒未附，百姓不信。』又伍参曰：『晋之从政者新，未能行令』是也。

卒已亲附而罚不行，则不可用也。

张预曰：恩信素洽，士心已附，刑罚宽缓，则骄不可用也。

故令之以文，齐之以武。

是谓必取。

张预曰：文恩以悦之，武威以肃之，畏爱相兼，故战必胜、攻必取。或问曰：《书》云：『威克厥爱允济，爱克厥威允罔功。』言先威也。孙武先爱，何也？曰：《书》之所称，仁人之兵也。王者之于民，恩德素厚，人心已附，及其用之，惟患乎寡威也。武之所陈，战国之兵也。霸者之于民，法令素酷，人心易离，及其用之，惟患乎少恩也。

令素行，以教其民，则民服。

张预曰：将令素行，其民已信，教而用之，人人听服。

令不素行，以教其民，则民不服。

令素行者，与众相得也。

张预曰：上以信使民，民以信服上，是上下相得也。《尉缭子》曰：『令之之法，小过无更，小疑无申。』言号令一出，不可反易。自非大过大疑，则不须更改申明，所以使民信也。诸葛亮与魏军战，以寡对众，卒有当代者，不留而遣之。曰：『信不可失。』于是人人愿留一战，遂大败魏兵是也。

第十章　地形篇

一、曹操注《孙子兵法·地形篇》

曹操曰：欲战，审地形以立胜也。

孙子曰：地形有通者。

有挂者。

有支者。

有隘者。

有险者。

有远者。

曹操曰：此六者，地之形也。

我可以往，彼可以来，曰通。

通形者，先居高阳，利粮道，以战则利。

曹操曰：宁致人，无致于人。

可以往，难以返，曰挂。

挂形者，敌无备，出而胜之；敌若有备，出而不胜，难以返，不利。

我出而不利，彼出而不利，曰支。

支形者，敌虽利我，我无出也；引而去之，令敌半出而击之，利。

隘形者，我先居之，必盈之以待敌。

若敌先居之，盈而勿从，不盈而从之。

曹操曰：隘形者，两山间通谷也，敌势不得挠我也。我先居之，必前齐隘口，陈而守之，以出奇也。敌若先居此地，齐口陈，勿从也。即半隘陈者从之，而与敌共此利也。

险形者，我先居之，必居高阳以待敌。

若敌先居之，引而去之，勿从也。

曹操曰：地形险隘，尤不可致于人。

远形者，势均，难以挑战，战而不利。

曹操曰：挑战者，延敌也。

凡此六者，地之道也；将之至任，不可不察也。

故兵有走者，有弛者，有陷者，有崩者，有乱者，有北者。凡此六者，非天之灾，将之过也。

夫势均，以一击十，曰走。

曹操曰：不料力。

卒强吏弱，曰弛。

曹操曰：吏不能统，故弛坏。

吏强卒弱，曰陷。

曹操曰：吏强欲进，卒弱辄陷，败也。

大吏怒而不服，遇敌怼而自战，将不知其能，曰崩。

曹操曰：大吏，小将也。大将怒之而不服，忿而赴敌，不量轻重，则必（心）崩坏。

将弱不严，教道不明，吏卒无常，陈兵纵横，曰乱。

曹操曰：为将若此，乱之道也。

将不能料敌，以少合众，以弱击强，兵无选锋，曰北。

曹操曰：其势若此，必走之兵也。

凡此六者，败之道也。

将之至任，不可不察也。

夫地形者，兵之助也。

料敌制胜，计险厄远近，上将之道也。

知此而用战者必胜，不知此而用战者必败。

故战道必胜，主曰无战，必战可也；战道不胜，主曰必战，无战可也。

故进不求名，退不避罪。

唯人是保，而利合于主，国之宝也。

视卒如婴儿，故可与之赴深溪；视卒如爱子，故可与之俱死。

厚而不能使，爱而不能令，乱而不能治，譬若骄子，不可用也。

曹操曰：恩不可专用，罚不可独任，若娇子之喜怒对目，还害而不可用也。

知吾卒之可以击，而不知敌之不可击，胜之半也。

知敌之可击，而不知吾卒之不可以击，胜之半也。

知敌之可击，知吾卒之可以击，而不知地形之不可以战，胜之半也。

曹操曰：胜之半者，未可知也。

故知兵者，动而不迷，举而不穷。

故曰：知彼知己，胜乃不殆。

知天知地，胜乃不穷。

二、杜佑注《孙子兵法·地形篇》

孙子曰：地形有通者。

有挂者。

有支者。

有隘者。

有险者。

有远者。

杜佑曰：此六地之名，教民居之，得便利则胜也。

我可以往，彼可以来，曰通。

杜佑曰：谓俱在平陆，往来通利也。

通形者，先居高阳，利粮道，以战则利。

杜佑曰：宁致人，无致于人。已先据高地，分为屯守于归来之路，无使敌绝己粮道也。

可以往，难以返，曰挂。

杜佑曰：挂者，牵挂也。

挂形者，敌无备，出而胜之；敌若有备出而不胜，难以返，不利。

杜佑曰：敌无备，出攻之，胜可也；有备，不得胜之，则难还返也。

我出而不利，彼出而不利，曰支。

杜佑曰：支，久也。俱不便，久相持也。

支形者，敌虽利我，我无出也；引而去之，令敌半出而击之，利。

杜佑曰：利，利我也。佯背我去，我无出逐，待其引而击之可败也。

隘形者，我先居之，必盈之以待敌。

杜佑曰：盈，满也。以兵陈满隘形，欲使敌不得进退也。

若敌先居之，盈而勿从，不盈而从之。

杜佑曰：谓齐口，亦满也。如水之满器，与口齐也。若我居之，平易险阻皆制在我，然后出奇以制敌。若敌人据隘之半，不知齐口满盈之道，我则入隘以从之；盖敌亦在隘，我亦在隘，俱得地形，胜败在我，不在地形也。夫齐口盈满之术，非惟隘形独解有口。譬如平坡迥泽，车马不通，舟楫不胜，中有一径，亦须据其路口，使敌不得进也。诸可知矣。

险形者，我先居之，必居高阳以待敌。

杜佑曰：居高阳之地，以待敌人；敌人从其下阴而来，击之则胜。

若敌先居之，引而去之，勿从也。

杜佑曰：地险先据，则不致于人也。

远形者，势均，难以挑战，战而不利。

杜佑曰：挑，迎敌也。远形，去国远也。地势均等，无独便利，先挑之，战不利也。

凡此六者，地之道也；将之至任，不可不察也。

故兵有走者，有弛者，有陷者，有崩者，有乱者，有北者。凡此六者，非天之灾，将之过也。

夫势均，以一击十，曰走。

卒强吏弱，曰弛。

吏强卒弱，曰陷。

大吏怒而不服，遇敌怼而自战，将不知其能，曰崩。

将弱不严，教道不明，吏卒无常，陈兵纵横，曰乱。

将不能料敌，以少合众，以弱击强，兵无选锋，曰北。

凡此六者，败之道也。

将之至任，不可不察也。

夫地形者，兵之助也。

料敌制胜，计险阨远近，上将之道也。

知此而用战者必胜，不知此而用战者必败。

故战道必胜，主曰无战，必战可也；战道不胜，主曰必战，无战可也。
故进不求名，退不避罪。
唯人是保，而利合于主，国之宝也。
视卒如婴儿，故可与之赴深溪；视卒如爱子，故可与之俱死。
厚而不能使，爱而不能令，乱而不能治，譬若骄子，不可用也。
知吾卒之可以击，而不知敌之不可击，胜之半也。
知敌之可击，而不知吾卒之不可以击，胜之半也。
知敌之可击，知吾卒之可以击，而不知地形之不可以战，胜之半也。
故知兵者，动而不迷，举而不穷。
故曰：知彼知己，胜乃不殆。
知天知地，胜乃不穷。
杜佑曰：知地之便，知天之时。地之便，依险阻、向高阳也；天之时，顺寒暑、法刑德也。既能知彼知己，又
按地形法天道，胜乃可全，又何难也？